빵을 버리지 않는 빵집

환경에 진심인 제빵사의 도전기

빵을 버리지 않는 빵집

초판 1쇄 발행 2024년 6월 27일
초판 2쇄 발행 2024년 12월 17일

글 이데 루미   **그림** 아키쿠사 아이   **감수** 다무라 요지   **옮김** 강물결
펴낸이 김명희   **편집** 이은희   **디자인** 씨오디

펴낸곳 다봄   **등록** 2011년 6월 15일 제2021–000136호
주소 서울시 마포구 토정로 222 한국출판콘텐츠센터 305호
전화 02–446–0120   **팩스** 0303–0948–0120
전자우편 dabombook@hanmail.net   **인스타그램** @dabom_books

ISBN 979–11–92148–99–1 43300

* 책값은 뒤표지에 있습니다.
* 잘못 만든 책은 구입한 곳에서 교환해 드립니다.

빵을 버리지 않는 빵집

환경에

진심인 제빵사의

 도전기

이데 루미 글 | 아키쿠사 아이 그림
다무라 요지 감수 | 강물결 옮김

다봄.

생명의 바통을 잇는 일

다무라는 동트기 전 장작 화덕에서 피어오르는 불꽃을 바라보며 행복을 곱씹고 있다. 불길이 흔들릴 때마다 장작이 탁, 탁 튀고 불티가 날린다. 매일 아침 화덕에 불을 피우면서 보고 또 보는 광경이지만 싫증이 나지 않는다. 다무라는 옛날부터 모닥불을 좋아했다. 산을 가든 강을 가든 모닥불을 피우지 않고는 못 견디는 성미였다. 그런데 장작 화덕에 빵을 굽는 일을 하고 있다니! 모닥불을 피우는 게 직업인 셈이다. 다무라는 좋아하는 일을 직업으로 삼았다는 사실이 기뻤다.

화덕이 뜨거워지는 동안, 다무라는 다음 날 구울 빵을 준비한다. 조리대에 밀가루를 뿌리고, 그 위에서 부드러운 빵 반죽을 둥글게 빚고 있노라면 마음이 따뜻해진다. 양손으로

사진 · 주식회사 office 3.11 촬영

반죽을 주무르는 것이 마치 '생명'을 불어넣는 것 같기 때문
이다. 물론 빵 반죽에는 효모균이나 유산균 같은 아주 작은
생명체가 들어 있으니, 다무라가 정말 신처럼 빵 반죽에 '생
명'을 불어넣는 것은 아니다. 굳이 표현하자면, 양손으로 빵
반죽을 감싸면서 빵을 부풀려 줄 여러 균에게 '힘내라, 힘
내!' 하고 응원한다고 하는 편이 더 적절할지도 모르겠다. 아
무튼 이렇게 둥글게 빚은 빵 반죽은 바구니에 담아 잠시 숙
성시킨 후 냉장고에 넣어 둔다.

화덕이 충분히 뜨거워지면 전날 만들어 둔 빵 반죽에 칼

집을 내어 화덕 바닥에 가지런히 늘어놓는다. 잠시 후 빵이 구워지는 달콤하고 고소한 향이 공방 가득 퍼진다. 지긋이 시간을 들여 빵 껍질이 노릇노릇 구워질 무렵, 다무라는 갓 구운 빵을 나무 주걱으로 떠서 선반으로 옮긴다.

사진 · 주식회사 office 3.11 촬영

다무라의 빵은 장작을 태우지 않고서는 만들 수 없다. 수십 년 동안 살아온 나무의 '생명'으로 빵을 굽는 것이다. 그래서 다무라가 만든 빵에는 밀뿐만 아니라 나무의 '생명'도 담겨 있다. 빵을 만드는 것을 '생명'의 바통을 잇는 것이라고 하는 이유가 여기에 있다.

다무라는 오랜 시간을 들여서 가까스로 '빵을 버리지 않는 빵집'을 만들 수 있었다. '빵을 버리지 않는 빵집'은 제빵사가 되었을 때부터 간직해 온 다무라의 꿈이었다. '빵을 버리지 않는 빵집'의 꿈을 이루었다는 것은, 밭과 숲이 전해 준 '생명'의 바통을 빵으로 이어받아 조금도 낭비하지 않고 손님에게 전달할 수 있게 되었다는 것을 뜻한다. 다무라에게 이보다 더 기쁜 일은 없었다.

그런데 이런 다무라도 처음부터 빵을 좋아했던 것은 아니었다. 초등학교 시절에는 빵 같은 건 이 세상에서 없어져 버리면 좋겠다고 할 정도로 빵이 싫었다. 그렇게 빵을 싫어하던 빵집 아이가 어떻게 제빵사가 되고, '빵을 버리지 않는 빵집'을 만들어 '생명'의 바통을 잇겠다는 도전을 하게 된 걸까?

차례

프롤로그 생명의 바통을 잇는 일

빵을 싫어하는 빵집 아이

'다무라 요지'. 1년 중 낮이 가장 길고 밤이 가장 짧은 하지^{夏至}에 태어났기 때문에 '요지^{陽至}'라고 이름을 지었다. 다무라는 부모님이 최고의 날에 자신을 낳아 준 것에 감사한다. 세상에서 가장 밝은 태양이 1년 중 가장 오래 하늘에 떠 있는 날에 태어나서일까? 다무라는 태양처럼 밝은 어린이였다.

빵 같은 건 이 세상에서 없어져 버려라

다무라네는 빵집을 했다. 히로시마에 있는 할아버지 대부터 이어온 빵집이었다. 다무라가 어릴 때부터, 다들 당연히 장남 다무라가 언젠가 가게를 물려받을 거라고 생각했다.

부모님이 빵집을 한다고 하면 학교 친구들 모두 부러워했다.

"공짜로 맛있는 빵을 원하는 만큼 먹을 수 있잖아! 아, 우리도 다코야키 빵, 야키소바 빵*을 배부르게 먹어 보고 싶다."

친구들은 다무라의 마음도 모르고 이렇게 말했다.

"다무라 요지는 잘 자라서 훌륭한 제빵사가 되거라."

교장 선생님도 이렇게 말씀하셨다.

'진짜 싫어. 아무리 동네에 하나밖에 없는 빵집이라고 해도, 내 인생을 이렇게 자기들 마음대로 정하지 말라고!'

* 역자 주: 중화면에 고기, 야채 등을 넣고 기름에 볶은 소를 넣은 빵

다무라는 화가 나면 초등학교 옥상에 혼자 누워 어떻게 하면 이 세상에서 빵을 없앨 수 있을지 진지하게 궁리하기도 했다. 빵집이 아니라 차라리 초밥집이나 메밀국숫집이었다면 얼마나 좋을까도 생각했다. 그에 비해 단과자빵*만 늘어놓은 빵집은 상대적으로 너무 가벼운 느낌이 들어서 싫었다.

초밥집, 메밀국숫집, 빵집 모두 장인이 있다. 다무라는 같은 장인이라도 옛날부터 전해 내려오는 비법으로 요리를 만드는 초밥집이나 메밀국숫집의 장인은 '진짜'이고 유행에 따라서 가벼운 맛의 빵만 만드는 제빵사는 왠지 '가짜'인 것 같았다.

이렇게 다무라는 어렸을 때에는 빵을 좋아하지 않았다. 오히려 빵이라면 딱 질색이었다. 성인이 되고, 게다가 제빵사까지 된 후로는 시도 때도 없이 빵만 생각하는 다무라인데 말이다.

* 역자 주 : 설탕, 달걀, 버터 등을 많이 넣어서 만든 빵

아마존이 나를 기다린다!

무엇보다 다무라에게는 꿈이 있었다. 아무도 본 적 없는 곤충을 찾아다니는 탐험가가 되는 것. 그런데 매일 가게에서 빵을 굽는다면, 어느 세월에 곤충을 채집할 수 있겠는가. 아침이면 물안개가 자욱하게 피어오르는 아마존이 다무라가 찾아올 날을 손꼽아 기다리고 있을 텐데 말이다.

다무라는 유치원에서 돌아오면 곤충 채집통을 어깨에 메고 작은 삽과 곤충도감을 들고 집 바로 뒤에 있는 산으로 향했다. 벌레에 물려도 살갗이 풀에 쓸려도 매일 뒷산에 다닐 만큼, 다무라는 곤충이 좋았다.

다무라는 그 많은 곤충 중에서도 땅강아지를 가장 잡고 싶었다. 땅강아지는 땅속에서 사는데, 두더지처럼 큰

발에 발톱이 달려 있는 것이
뒷산에서 잡은 어떤 곤충과도
달랐다. 그리고 다무라네 동네
에서는 좀처럼 발견되지 않는 희귀
곤충이었다. 다무라는 시간이 날 때마다 방에 누워 곤충
도감에서 땅강아지를 찾아보곤 했다.

"우와! 정말 멋지다!"

한번은 너무 흥분하는 바람에 코피가 나기도 했다.

뒷산이 사라진다!

다무라가 초등학생 때의 일이다. 여느 때처럼 뒷산에

가려는데, 길가에 '출입 금지' 표지판이 세워져 있었다. 표지판 너머로 전기톱을 든 어른들이 다무라가 늘 타고 노는 나무를 자르고 있었다. 다무라는 너무 놀라서 나무가 땅을 울리며 쓰러지는 것을 멈춰 선 채 바라보았다. 다른 나무들도 그렇게 하나둘씩 전기톱에 잘려 나갔다.

다음 날 뒷산에 가 보니 나무가 다 사라지고 없었다. 여름방학마다 장수풍뎅이나 사슴벌레를 잡았던 나무도 없었다. 나무만 잘려 나간 것이 아니었다. 불도저와 굴삭기가 산을 깎고, 덤프트럭이 어딘가로 흙을 실어 날랐다.

'큰일 났다! 내 소중한 뒷산이 사라져 버린다!'

다무라는 소중한 뒷산을 불도저가 무너뜨리는 것을 보면서 진심으로 불도저를 부숴 버리고 싶다고 생각했다.

다무라가 어렸을 적엔, 세상이 한창 고도성장하던 시대라서 무엇을 하든지 무엇을 팔든지 돈이 되었다. 공장이나 창고를 짓고 싶은 회사, 집을 갖고 싶은 사람들의 소원을 들어주기 위해 논밭은 메워지고 변두리 산은 깎여 나갔다.

잊을 수 없는 슬픔

다무라가 철이 들 무렵부터 뒷산은 매우 소중한 장소였다. 거기에서 친구들과 골판지를 썰매 삼아 미끄럼을 타고, 매미를 잡고, 모험 놀이를 하고, 비밀기지를 만들었다. 부모님한테 꾸중을 듣고 가출해서 숨은 곳도 바로 뒷산이다.

어느 날 갑자기, 예고도 없이 마음의 안식처를 빼앗긴 충격과 무력감은 다무라에게 깊은 마음의 상처를 남겼다. 잠들려고 눈을 감으면, 쓰러져 가던 뒷산 나무들의 소리 없는 울음과 삶의 터전을 잃은 새와 짐승과 벌레들의 슬픔이 밀려와 가슴이 조여드는 듯했다.

먹거리가 가장 큰 환경 문제?

곤충을 좋아했던 아이 다무라는 자연을 사랑하는 대학생이 되었다. 다무라는 환경 생물학 수업에서 삶에 큰 영향을 준 사람과 만났다. 바로 병마와 싸우면서도 강단에 선 S 교수였다.

"요즘 환경 문제라는 말을 많이 듣습니다. 인간의 다양한 활동이 자연에 끼치는 나쁜 영향을 말하지요. 인간이 자신들의 욕망에 제동을 걸지 않는 한 환경 문제는 해결되지 않습니다."

다무라는 S 교수의 강의를 듣고, 머릿속에서 오랫동안 뒤섞여 명확하지 않던 것들이 안개가 걷히듯 선명하게 정리되는 걸 느꼈다.

'그렇구나, 내가 궁금했던 것이 모두 환경 문제와 이어

져 있는 거구나!'

다무라는 매일 대학 도서관에서 폐관을 알리는 음악
이 흐를 때까지 자연 보호나 환경 문제에 관한 책을 읽었
다. 집에 와서 목욕할 때도 욕조에 몸을 담그고 낮에 책
을 읽으며 정리해 놓은 노트를 다시 읽었다. 해외에서 유
명한 환경 문제 전문가가 오면 신문사나 방송국 기자들
틈에 섞여 기자회견을 듣기도 했다.

찾았다! 이게 내가 해야 할 일이다!

현재 일어나고 있는 환경 문제는 지금까지 인간이 경
험한 적 없는 커다란 문제다. 전 세계에 많은 나라가 있지

만 환경 문제는 한두 나라의 노력만으로 해결할 수 없을
정도로 심각한 상황이다. 이대로 두면 지구는 사람이 살
수 없는 행성이 될지도 모른다. 이 문제를 해결하고 싶다
면 국가나 민족이나 종교의 차이를 넘어서 전 세계인이
손을 잡고 맞서야 한다.

지구온난화로 녹기 시작한 빙하와 빙산.
불길에 둘러싸인 채 어찌할 바를 모르는 코알라.
국경을 넘나드는 대기 오염.
숲을 이루는 나무를 시들게 하는 산성비.
거리와 마을을 집어삼키는 사막.

어렸을 적 뒷산의 나무가 베이고 산이 불도저로 깎여 나

갔을 때의 모습이 다무라의 눈앞에 생생히 떠올랐다.

'내가 해야 할 일은 이거야! 환경 문제도 여러 종류가

있지만 그중 하나라도 해결하고 싶다. 환경 문제 해결에

인생을 바치자.'

다무라는 결심했다.

'좋아, 환경 문제를 해결하는 직업을 찾자!'

환경 문제를 해결하는 직업이 없다?!

그런데 막상 취업 활동을 시작하자, 다무라는 환경 문

제를 해결하는 직업을 찾는 게 생각보다 어렵다는 것을

깨달았다.

'환경 문제에 관심이 있는 사람을 구한다.'는 구인 광고

는 어디에도 없었기 때문이다.* 사막에 가서 물을 끌어와

---

* 2019년, 10대인 그레타 툰베리가 트위터(현재 'X')와 인스타그램 등 SNS를 통
  해 '기후변화 문제를 위한 학교 파업(#SchoolStrike4 Climate)'과 '미래를 위한
  금요일(#Fridays For Future)'을 외치며 지구온난화를 막기 위한 활동을 전 세계
  로 넓혔지만, 다무라가 학교에 다니던 시절에는 이제 막 인터넷이 보급되기 시
  작했을 뿐 스마트폰은 물론 트위터나 인스타그램도 없었다.

밭을 일구거나 열대우림에 가서 화재로 타 버린 곳에 나무 모종을 심거나 서식지를 잃은 오랑우탄이나 코끼리를 돕는 일자리는 어디에서도 찾을 수 없었다. 환경 파괴와 지구온난화 문제는 신문이나 텔레비전에서 매일같이 크게 다루는데, 그것을 해결하기 위한 직업은 찾기 힘들었다.

먹거리가 가장 큰 환경 문제?

다무라는 일자리를 찾지 못한 채 연말에 히로시마에 있는 본가로 돌아왔다.

"취업 준비는 잘하고 있니?"

"환경 문제를 해결하는 일을 하고 싶은데 잘 안되네요."

"우리 빵집 일을 하면 안 되는 거야? 먹거리 문제가 가장 큰 환경 문제인데……."

다무라는 아버지의 말을 못 들은 척했다. 자신이 달콤한 단과자빵을 깨작깨작 만들고 있는 모습은 상상하고 싶지도 않았다. 게다가 빵이 환경 문제와 무슨 상관이 있는 건지 전혀 모르겠다며 마음속으로 툴툴거렸다.

다무라가 '먹거리가 가장 큰 환경 문제'라는 아버지의 말 뜻을 깨닫게 된 것은 이때부터 시간이 한참 지난 후였다.

빵집을 뛰쳐나가다

다무라는 어떻게든 환경 문제를 해결하
는 일을 하고 싶었지만, 일자리를 찾지 못한 채 졸업 시기
가 다가오자 불안해지기 시작했다.

　'어떡하지? 일이라고 해 봐야 부모님이 하시는 제빵 일
밖에 모르는데…….'

　어렸을 때부터 제빵사만은 절대로 되지 않겠다고 굳게
마음먹었지만, 배짱을 부리고 있을 수만은 없었다.

　다무라는 눈을 딱 감고 도쿄에 있는 빵집 '르뱅Levain'
에 가 보기로 했다. '르뱅'은 국산 밀가루와 천연 효모 등
엄선된 재료를 고집해서 빵을 굽는 빵집으로 유명했다.
벽돌로 지은 건물은 유럽 거리에서 볼 수 있는 가게를 닮
아 있었다. '불랑주리BOULANGERIE'*라고 쓰인 프랑스어

간판도 왠지 멋있어 보였다. 가게 안의 낡은 나무 선반에
진열된 빵도 모두 일본에서는 흔히 볼 수 없는 빵이었다.
빵집에서 태어난 다무라는 도쿄에 수많은 빵집 중에서
도 '르뱅'이 특별하다는 것을 금방 알아봤다.

운명으로 이끄는 향기

다무라는 도쿄에서 전철을 갈아타고, 나가노현 노리쿠
라 고원의 깊은 숲속에 있는 빵집 '르 코팽 Le copain'**에도

* 프랑스어 '불랑주리(BOULANGERIE)'는 직접 고른 밀가루로 직접 반죽해서 구
운 빵을 그 장소에서 바로 판매하는 빵집을 뜻한다.
** 노리쿠라 고원의 '르 코팽(Le copain)'은 2011년에 문을 닫았다.

가 보았다. '르 코팽'은 알 만한 사람은 다 아는 유명한 빵집으로 국산 밀가루에 머루 열매로 만든 천연 효모와 노리쿠라 고원의 천연수를 섞어서 반죽하고, 장작 화덕에 구워 빵을 만들었다. 히로시마에서 부모님이 하는 동네 빵집과 달리, 유럽 사람이 먹어도 깜짝 놀랄 만한 유럽 빵을 만드는 일본 빵집이었다.

선물용으로 산 빵이 담긴 종이봉투에서 피어오르던, 뭐라 형언할 수 없는 황홀한 빵 냄새는 20년이 지난 지금도 잊을 수 없다. 장작 화덕에서 구운 고소한 빵 냄새가 앞으로 다무라를 프랑스로 이끌게 될 것을, 그 시절 다무라는 알 리 없었다.

빵을 싫어하던 아이, 빵집 수습생이 되다

다무라는 이 세상에는 단맛으로 입맛을 쉽게 유혹하는 빵뿐만 아니라, 마음을 움직이는 빵도 있다는 것을 알고서 제빵사의 길에 한번 도전해 보기로 했다. 마침 아버지의 권유에 따라 이시카와현 가나자와에 있는 빵집에 수습생으로 들어갔다.

새벽 5시에 빵 공방으로 출근해서 밤 9시에나 퇴근하는 고된 시간이 계속되었다. 한숨 돌릴 수 있는 시간은 오로지 점심시간뿐, 나머지 시간에는 계속 종종걸음으로 공방을 왔다 갔다 해야 했다.

수습생 다무라는 재료 계량과 빵 반죽 일을 맡았다. 그런데 너무 바쁘다 보니 물이나 소금 양을 틀리는 실수를 반복했고 그때마다 선배들에게 꾸지람을 듣기도 했다.

전설의 빵집

어느 날 점심시간, 다무라는 지쳐 누워 있다가 '빵 뉴스' 신문을 무심히 집어 들었다. 그런데 '푸알란 Poilâne'이라는 단어가 눈에 들어왔다.

'어? 푸알란은 도쿄 르뱅이 모델로 삼은 프랑스 빵집 아니었나?'

다무라는 벌떡 일어나 기사를 읽어 내려갔다. 프랑스에서 출간한 『푸알란 Poilâne』을 일본어로 출간한다는 소식이었다.

'푸알란'은 프랑스 파리에 있는 전통 빵집으로 프랑스

산 최고급 밀을 맷돌로 갈고 천연 소금과 효모를 사용해 장작 화덕에서 캉파뉴를 굽는다. 파리에서 어떤 빵이 유행하든 상관없이, 옛날부터 내려온 레시피로 캉파뉴만을 완고하게 만들어 온 전설의 빵집으로 전 세계에서 관광객이 몰려와 길게 줄을 서서 기다리는 유명한 빵집이었다.

당시 일본에서는 간식으로 먹는 단과자빵이 가장 많이 팔렸다. 다무라가 수련하던 빵집은 물론이고 아버지가 운영하는 빵집에서도 마찬가지였다. 반면 프랑스에서 캉파뉴는 주식이었다. 손님들은 사람의 머리보다 큰 캉파뉴를 사기 위해 '푸알란' 앞에 줄을 섰다.

다무라는 『푸알란Poilâne』의 일본어판이 나온 날 바로 사 읽었다. 제빵사의 마음가짐을 담은 철학서였다. 비록 내용이 어려웠지만 다무라는 기뻐서 어쩔 줄 몰랐다. 자신만의 철학에 따라 빵을 만드는 사람이 세상에 있다는 것을 알았고, 제빵사도 초밥집이나 메밀국숫집의 장인처럼 자기 일에 자부심을 가질 만하다는 것을 깨달았기 때문이다. 중요한 것은 어떤 빵을 어떻게 만들 것인가였다.

어떤 빵을 어떻게 만들 것인가

여름이 되자 다무라는 선배와 함께 계류낚시*를 하러 갔다. 신록과 푸른 하늘, 귀를 간지럽히는 계곡물 소리. 산천어와 곤들매기가 숨어 있는 시냇물 수면을 바라보고 있는 것만으로도 두근두근 설레었다.

선배가 다무라를 데리고 간 곳은 '르 코팽'이 있는 노리쿠라 고원이었다. 다무라는 모처럼 여기까지 왔으니 돌아가기 전에 '르 코팽'에 들르자고 선배에게 부탁했다. 두

* 역자 주 : 시냇물에서 하는 낚시

사람은 '르 코팽'에서 포도와 호두가 든 빵을 사서 차 안에서 얼른 맛을 보았다.

수습생인 다무라조차 수련을 쌓던 빵집과 '르 코팽'의 차이를 금세 알 수 있었다. '르 코팽'의 빵에서는 자연의 향과 느낌이 났다. 다무라는 역시 자연에 가까운 소박한 빵이 더 마음에 들었다.

"오, 이거 맛있는데!"

'르 코팽'의 빵을 처음 맛 본 선배가 놀라서 말했다.

"그렇죠? 아, 이런 빵을 만들 수 있다면……."

다무라는 무심코 그렇게 중얼거렸다.

"만들어 볼까?"

"네? 정말요?"

어느 날, 두 사람은 일이 끝나고 공방에 남아 '르 코팽'의 빵을 떠올리며 포도와 호두를 넣어서 빵을 구워 보았다. 흉내를 낸 것 치고는 너무나도 똑같이 만들어졌다. 두 사람은 자신들의 솜씨에 만족했다. 그리고 다시 노리쿠라 고원에서 곤들매기를 잡고 돌아오는 길에 '르 코팽'에서 포도와 호두가 든 빵을 사서 차 안에서 자신들이 만든 빵과 비교해 보았다.

"어? 다르잖아!"

다무라는 저도 모르게 소리를 질렀다.

"정말이네. 르 코팽 빵이 더 색이 진하네."

선배도 두 빵을 비교하면서 말했다.

다무라가 수련하던 빵집에서는 '르 코팽' 빵 색이 될 때까지 구우면 빵에서 쓴맛이 났다. 그런데 '르 코팽'의 빵은 전혀 쓰지 않았고 오히려 마음을 사로잡는 향이 났다. 아무래도 맛과 향의 차이는 빵을 굽는 방법에 있는 것 같았다. 다무라가 수련하던 빵집은 빵을 구울 때 가스 오븐을 사용했지만, '르 코팽'은 파리의 '푸알란'과 마찬가지로 화덕에 장작을 지펴서 빵을 구웠다.

다무라는 빵의 생김새가 아무리 비슷해도, 빵 굽는 방법 하나 차이로 맛과 향이 달라진다는 사실에 놀랐다. 그리고 자신이 동경하는 '푸알란'이나 '르 코팽'이 손이 많이 가는데도 불구하고 굳이 장작 화덕을 사용하는 데는 이유가 있었다는 것을 깨닫고 감탄했다.

빵집을 뛰쳐나가다

다무라는 가나자와의 빵집에서 교육을 받느라 매일 바쁘고 힘들었지만, 자기 힘으로 일해서 돈을 번다는 기쁨도 느꼈다. 단지 도무지 익숙해지지 않는 것이 있었다. 바로 '쇼트닝'*을 사용하는 것이었다. 쇼트닝은 빵을 촉촉하게 하거나 구운 과자를 바삭하게 만드는 데 사용하는 원료다. 다무라가 수습생으로 있던 빵집에서는 이 쇼트닝을 많이 사용했다.

대학에서 환경 문제를 공부한 다무라는 일부 쇼트닝이 사람의 몸에 좋지 않다는 것을 알고 있었다. 쇼트닝에는 많이 먹으면 심장 질환에 걸릴 확률이 높아지는 트랜

---

* 역자 주: 과거에는 쇼트닝의 대부분을 부분 경화유가 차지했다. 부분 경화유는 트랜스지방산 함량이 높고 심혈관 질환 위험을 높이는 것으로 알려져 있다. 이 때문에 쇼트닝이 무조건 건강에 나쁜 것으로 인식되는 경향이 있었다. 이 책에서 말하는 쇼트닝 역시 부분 경화유이다. 하지만 최근에는 건강에 대한 관심 증가로 트랜스지방산 함량이 낮거나 거의 없는 쇼트닝들이 많이 출시되었다.
미국에서는 2023년 12월 22일부터 모든 식품 내에 부분 경화유 사용을 완전 금지하는 최종 규칙을 발표했으며, 그 외의 여러 나라에서도 트랜스지방산 사용을 규제하는 추세다.

스 지방산이 포함되어 있기 때문이다.

다무라는 한여름 공방이 더워지면 쇼트닝이 녹아 버리는 게 고민이었다. 녹아 버린 쇼트닝을 빵 반죽에 그대로 넣으면 빵 반죽이 질척해지기 때문이다. 쇼트닝을 가게에 대는 업자에게 쇼트닝이 너무 잘 녹는다고 말하자, 다음 날 딱딱하게 굳은 쇼트닝을 가지고 왔다. 그런데 이번에는 쇼트닝이 너무 딱딱해서 반죽에 섞이지 않았다. 손으로 비벼서 부드럽게 만들어 보려고 했지만, 딱딱하게 굳은 쇼트닝은 공방이 더운데도 불구하고 아무리 애를 써도 부드러워지지 않았다. 이걸 본 다무라는 놀랐다기보다 무서워졌다.

'이건 사람 입에 넣을 게 못 된다.'

사람의 체온으로 녹지 않는 것이 몸 안에 들어가서 녹을 리 없다.

'계속 환경 문제를 해결하는 일을 하고 싶다고 했으면서, 이렇게 몸에 해로울지도 모르는 재료로 빵을 만들어 손님들에게 내놓고 있다니!'

이런 생각이 들자 다무라는 자신이 너무 한심해져서 화장실에 틀어박혀 울었다. 쏟아지는 눈물은 도무지 멈추지 않았다. 다무라는 더 이상 이런 빵집에 있는 것이 싫어져서 공방을 뛰쳐나와 버렸다.

....
4
장
....

방랑의 길

빵 공방을 뛰쳐나오긴 했는데, 딱히 갈 곳이 없었다. 교육이 끝나기도 전에 아무 말도 없이 공방을 나와 버렸으니 히로시마에 있는 본가로 돌아갈 수도 없었다.

'아, 결국 나도 떠돌이 신세가 됐구나…….'

다무라는 불안했다. 불안 외에 아무것도 느껴지지 않았다. 이제 어떻게 하면 좋을까? 막막했다. 그래도 자유로웠다. 두려운 자유라고 해도, 이제 누구도 이래라저래라 간섭하지 않았다. 짐을 들고 역으로 간 다무라는 이제 어디로 가지 하고 시간표를 올려다보았다.

'제빵사가 되지 않을 거라면 자연과 관련된 일을 해야지.'

일단 그렇게 결심했다.

대자연 속에서 일하고 싶다

다무라는 홋카이도로 향했다. 환경 문제에 관련된 일은 할 수 없더라도, 뭔가 자연과 관련된 일을 하고 싶다는 생각에 홋카이도의 자연 체험 학교로 가서 산 가이드 과정을 연수하기로 마음먹었다.

'산 가이드'는 등산객에게 등산로를 안내하면서 함께 산에 오르는 일을 한다. 홋카이도의 대자연 속에서 산 가이드가 된다면, 너무나 즐거울 것만 같았다. 그러나 산 가

이드 수습생이 막상 되어 보니 예상과 달랐다. 등산객의 물과 음식을 담아 20킬로그램이 넘는 배낭을 메고 가파른 산길을 걷는 것은 정말 힘든 일이었다.

짐이 무거워 배낭끈은 어깨를 파고들었고, 숨은 헉헉하고 어깨로 몰아쉬게 되었고, 닦아도 닦아도 땀이 멈추지 않았다. 일에 익숙해질 때까지는 발밑을 보면서 한 걸음 한 걸음 내딛기조차 힘이 들어서, 등산로를 걸으면서 주변 경치를 즐길 여유가 없었다.

하지만 신기하게도 그렇게 한 걸음씩 걷다 보면 어느새 산꼭대기에 도달했고 눈앞에 홋카이도의 웅장한 풍경이 아름답게 펼쳐졌다. 그 순간 등산을 끝까지 해냈다는 데서 오는 감동은 이루 말할 수 없었다.

도움이 안 되는 산 가이드

가을이 깊어져 가던 어느 날의 일이다. 다무라는 가을산 가이드를 현지 공예가와 함께 맡았다. 산길을 걸어 나무숲으로 들어가니, 나뭇잎 사이로 비치는 햇빛을 받아 빨갛고 노랗게 물든 잎이 선명하게 빛났다.

적당한 때를 봐서 먹을 수 있는 버섯과 그렇지 않은 버섯을 구별하는 방법을 공예가가 설명하기 시작했다. 그러자 그때까지 산 가이드 다무라의 말에는 거의 반응하지 않던 사람들이 공예가의 주위를 빙 둘러싸고 눈을 반짝이며 이야기에 귀를 기울이면서 이것저것 질문을 던졌다. 게다가 다무라는 거들떠보지도 않고 공예가를 따라다니며 떨어지려 하지 않았다. 다무라는 자신이 누구에게도 도움이 안 되는 존재인 것 같아서 그 자리에 있는 것이 슬펐다.

가짜 자연 가이드

다무라는 홋카이도에서 산 가이드 수습생이 된 지 1년이 지났을 무렵, 오키나와로 자리를 옮겼다. 새로 생긴 자연 체험 학교를 돕게 된 것이다. 다무라는 승마나 카약 체험 코스 기획자이자 맹그로브 숲이나 산호바다의 자연 가이드였다.

다무라가 오키나와에서 첫 번째로 맡은 일은 승마를 체험할 손님을 모으는 것이었다. 다무라는 직장 동료와

함께 지역 고등학교 앞에서 학생들에게 승마 체험 전단을 나눠 주기로 했다. 승마 체험 요금은 천 엔이었는데, 초보자 대상 승마 체험 요금은 단돈 5백 엔이었다. 5백 엔으로 승마를 할 수 있다면 고등학생도 체험해 볼 만하지 않을까 하는 생각이었다.

하지만 고등학생들은 전단을 좀처럼 받아 주지 않았다. 어쩌면 다무라와 동료 직원들이 티셔츠에 반바지 차림에 비치 샌들을 신고 선글라스를 쓴 모습이 수상해 보였기 때문일 수도 있다. 아무튼, 전단을 백 장 돌리고도 승마 체험 희망자는 단 두 명뿐이라는 초라한 성적을 얻었다.

'오늘 겨우 천 엔을 번 것인가……. 자연 가이드만 해서 먹고사는 건 힘들겠다.'

다무라는 낙담했다. 말이나 카누 타는 법까지 악착같이 배워서 가르치는 일까지 할 수 있게 되었지만, 다무라에겐 여전히 고민이 하나 있었다. 오키나와에서 자연 가이드를 하려면 오키나와의 자연과 지리에 대해 잘 알아야 하는데, 이게 여간 어려운 일이 아니었다. 해변에 펼쳐진 광활한 맹그로브 숲에 사는 생물의 이름을 모두 외우는 것은 불가능했고, 산호바닷속 열대어들의 이름도 너무 헷갈렸기 때문이다. 그래서 다무라가 '산호바다 투어'나 '맹그로브 숲 탐험 투어'를 맡게 되면 바닷가 생물에 대해 잘 아는 사람을 고용해서 같이 나가야 했다.

어느 날, 수학여행을 온 학생들을 맹그로브 숲으로 안내하기 위해 다무라는 현지 어부의 도움을 받기로 했다.

오키나와에서는 작은 배를 타고서 바다에서 고기를 잡는 사람을 '우민츄海人'라고 부르는데, 다무라가 어부를 소개하자 학생들은 진짜 우민츄를 만났다며 매우 기뻐했다. 우민츄 아저씨는 섬 말을 섞어가며 맹그로브 숲의 생물에 관해 설명했다.

"얕은 바다에서 문어발처럼 뿌리를 내리고 있는 것이 맹그로브야. 맹그로브는 암컷 식물이랑 수컷 식물 두 종류가 있어. 가지 끝에 달린 길쭉하고 뾰족한 녹색 열매 보이지? 그게 떨어져 진흙에 박히면 그 자리에서 자라. 그리고 한쪽 집게만 큰 게는 농게류 수컷이야. 진흙 위에서 햇볕을 쬐고 있는 눈알이 툭 튀어나온 생선은 막대 말뚝망둥이인데 오키나와에서는 '통통미トントンミ'라고 하지."

학생들은 통통미의 능청맞은 표정이 담임 선생님이 멍 때릴 때 얼굴을 똑 닮았다며 난리였다. 그런데 즐거워하는 학생들의 목소리에도 불구하고, 다무라는 자신이 가짜 자연 가이드 같아서 그 자리에 있는 것이 부끄럽기도 하고 불편했다.

홋카이도에서도 그랬지만 사람들은 한순간에 '진짜'

와 '가짜'를 알아봤다.

'나도 언젠가는, 진짜가 될 수 있어!'

돌아오는 길, 다무라는 곳의 전망대에서 해 질 녘의 동중국해를 바라보며 그렇게 마음을 다잡았다.

대초원의 나라로

오키나와 생활에 어느 정도 익숙해졌을 무렵, 다무라는 상사의 지시로 이번에는 몽골로 가게 되었다. 몽골은 중국과 러시아 사이에 있는 초원의 나라다. 그곳에서 다무라는 여름방학 기간 일본에서 온 대학생들이 대초원에서 전통적인 유목민의 삶을 체험하는 것을 돕거나, 일본어를 배우는 몽골 대학생들의 생태 관광 교류 프로그램인 '초원 세미나'를 기획하고 운영해야 했다.

유목민의 생활

몽골의 유목민은 예로부터 양과 염소 떼를 이끌고 1년에 두세 번 풀이 많이 나 있는 곳으로 가족 전체가 이동

하며 살아왔다. 그때마다 집을 갖고 이동하기 수월하도록 집은 조립식 텐트로 짓는다. 나무로 기둥을 세우고 흰색 펠트로 덮어서 마치 뚝배기를 뒤집어 놓은 듯 보이는 몽골의 전통 집을, 몽골에서는 '게르'라고 부른다. 게르에는 창문은 없고 출입구가 하나 있을 뿐이다. 그리고 지붕에는 난방과 요리에 사용하는 난로의 굴뚝이 하나 튀어나와 있다. 게르 하나에 온 가족이 함께 살기 때문에 게르는 캠핑장에서 흔히 볼 수 있는 텐트보다 훨씬 크다.

유목민은 가축이 먹을 풀이 부족해지면, 게르를 해체하고 접어서 풀이 더 많은 곳으로 이동한다. 물건이 많으면 이동이 힘들기 때문에 놀라울 정도로 생활을 단순하게 유지하면서 생활용품을 좀처럼 늘리지 않는다. 요즘은 자가발전용 태양광 패널과 스마트폰, 텔레비전이 있는 게르도 있긴 하지만, 냉장고나 전자레인지는 여전히 찾아볼 수 없고 욕조나 온수 샤워기가 달린 화장실도 없다. 몽골은 비가 별로 오지 않고 공기도 건조해서 여름에도 일본처럼 무덥지 않고 사람들이 땀도 많이 흘리지 않는다.

가게가 없어도 괜찮아

게르 근처에는 백화점도 슈퍼도 없다. 유목민의 삶에 없어서는 안 되는 짠맛의 밀크티 '차이'의 재료인 차나 소

금도, 아버지가 좋아하는 담배도 읍내 시장에 가야 살 수 있다. 가장 가까운 읍내도 누군가에게 말을 태워 달라고 부탁해서 근처 마을까지 간 후, 하루에 몇 대밖에 없는 버스를 타고 몇 시간은 더 가야 한다. 배가 고파도 주먹밥이나 샌드위치를 살 수 없다. 게르 근처에는 식당커녕 야채 가게도 생선 가게도 없다.

유목민들은 양을 잡아서 직접 요리해 먹는다. 하지만 걱정할 필요는 없다. 유목민들은 모두 이 양요리를 매우 좋아하니까.

양고기를 해체하다

도축한 양을 해체하는 장면을 본 적 있는가. '해체'는 도축한 고기나 생선을 먹을 수 있는 부위와 먹을 수 없는 부위로 나누고, 부위별로 먹기 좋은 크기로 자르는 것을 말한다. 양이 아니라 돼지나 닭 같은 가축을 잡아서 해체하는 장면을 본 사람은 분명 그렇게 많지 않을 것이다. 개중에는 동물원이나 목장에서 본 사랑스러운 동물이 떠올라서 해체 작업을 보고 야만적이라거나 동물이 불쌍

하다고 여길 사람이 있을지도 모르겠다.

하지만 정말 그럴까? 다무라는 양을 해체하는 장면을 처음 보았을 때도, 해체 작업을 도왔을 때도, 그것이 야만적인 일이라는 생각은 들지 않았다. 오히려 유목민들이 양을 해체하는 방식을 보면서 생명을 내어 준 가축의 자애에 대해 감사할 수 있었다.

죽음 앞에서 자애를 느낄 수 있다니 무슨 말일까? 여기서 잠깐, 유목민이 양을 해체하는 장면을 살펴보자.

성인 유목민 두 사람이 양을 눌러서 드러눕힌다. 한 사람은 땅에 앉아 왼손으로 양쪽 앞다리를 잡고 오른발을 뻗어 양의 아랫배를 꽉 누른다. 다른 한 사람은 선 채로, 양손으로 양의 뒷다리를 힘껏 뒤로 잡아당겨 양이 날뛰지 못하게 한다. 땅에 앉아 있는 사람이 오른손에 든 칼로 양의 심장 근처를 털을 깎듯이 가볍게 몇 센티미터 자른다. 칼을 놓고, 양의 배 속에 오른손을 집어넣어서 심장 뒤쪽, 등뼈 부근의 굵은 혈관을 손톱으로 자른다. 그러면 양의 횡격막 안쪽에 피가 고여 밖으로 흘러나오지 않는다. 양은 마치 영혼이 몸에서 빠져나가는 것처럼 큰 숨을 내쉬고, 점차 몸에서 힘이 빠지면서 땅 쪽으로 툭 머리를 떨구며 죽는다.

양이 완전히 죽은 것을 확인하면, 발굽에서 배까지 칼로 잘라 털을 벗겨 낸다. 벗겨 낸 털 위에 양의 위와 장을 꺼내 놓는다. 몸속에 남은 피도 모두 양동이로 옮겨서 나중에 요리에 사용한다.

'가축을 죽일 때는 가축이 너무 고통스럽지 않도록 깔끔하게 죽여야 한다. 고기를 해체할 때는 털도 고기도 내장도 낭비되지 않도록 깨끗이 손질하라. 먹을 때는 남김없이 다 먹어라.'

이것이 유목민의 규칙이며 도축된 가축에 대한 최소한의 예의다.

유목민들은 양고기와 내장을 모두 소금에 삶아 '차나승 마흐'라는 요리를 만들어 먹는다. 고기는 칼로 잘게 썰어서 깨끗하게 먹고, 남은 뼈도 쪼개서 뼛속 골수까지 먹는다. 다무라는 이 차나승 마흐를 아주 좋아해서 손이나 입 주위가 기름으로 범벅이 되는 것도 개의치 않고 정신없이 먹었다.

몽골의 대초원에서 자란 양은 정말 맛있고, 차나승 마흐에서는 부추와 로즈메리 향이 은은하게 난다. 햇살을

듬뿍 받은 들풀과 잎사귀 한 장, 그 한 장에 내린 아침 이슬과 검게 잘 부서진 대지의 양분이 응축된 듯한 맛과 영양이 넘친다. 다무라는 떠올리기만 해도 군침이 멈추지 않을 정도로 차나승 마흐를 좋아한다.

우리가 먹는 것은 생명이다

배가 부르면 남은 음식을 쉽게 버리는 일본인과 달리 유목민들은 자신들이 소중히 기른 양을 함부로 버리지 않는다. 우리가 먹는 것은 생명이기 때문이다. 유목민에게 먹는다는 것은 다른 '생명'을 얻는다는 의미가 있다. 그러니 어떻게 '생명'을 낭비할 수 있겠는가.

일본에서는 양고기가 냄새가 난다며 싫어하는 사람이

있다. 반면에 냄새가 나지 않고 부드러운 어린 양고기를 '램lamb'이라고 부르며 좋아하기도 한다. 하지만 몽골의 유목민들은 앞으로 살날이 얼마 남지 않은 나이 든 양부터 먹고 어린 양을 잡아먹는 일은 하지 않는다. 아깝다고 생각해서다. 어린 양을 키우면서 앞으로 몇 년 동안 매년 양털을 얻을 수 있고 암컷이라면 양을 많이 낳아 주기 때문이다.

다무라는 자신이 찾고 있던 환경 문제를 풀 열쇠가 여기에 있다고 생각했다. 대학에서 S 교수가 '환경 문제는 사람이 자신들의 욕망에 제동을 걸지 않는 한 해결되지 않는다.'고 했다. 다무라는 '제동을 건다.'는 말의 의미가 유목민의 이러한 삶을 의미하는 것이 아닐지, 이것이야말로 계속 이어질 수 있는 지속가능한 생활이겠구나 하고 생각했다.

나는 병아리다, 삐악삐악

다무라의 눈에 몽골 유목민은 대초원에서 살아간다는 자신감 때문인지 모두 강하고 훌륭해 보였다. 깊은 주름살이 새겨진 유목민 노인은 마치 현자 같았다. 아이들은 자신의 키보다 큰 말을 능숙하게 타고, 양과 염소를 돌보고, 부모의 일손을 돕는다. 다무라가 봤을 때 유목민은 자신과 동갑이라도 훨씬 어른처럼 보였다.

'나는 벌써 20대 중반인데 아직 한 사람의 몫도 못 하는 병아리다. 삐악삐악하고 있을 뿐이다.'

이런 생각이 들자 다무라는 어깨를 떨구었다.

몽골의 즐거운 휴일

다무라는 몽골에서 생활하면서, 여름 대낮부터 유목민 아저씨들과 말젖술을 마시고 큰 소리로 함께 노래를 부르는 것보다(물론 그것도 최고지만) 대초원에서 말을 타고 달리는 것이 가장 좋았다.

'끝도 없이 이어지는 몽골의 대초원을 말을 타고 달리는 것'이 다무라의 꿈이었다. 몽골의 초원은 마치 '풀로 이루어진 바다' 같다. 가도 가도 완만한 녹색 언덕이 이어지고, 그런 대초원 위로 게르가 띄엄띄엄 보인다.

유목민은 바로 옆의 게르에 갈 때도 말을 탄다. 걸으면

(이렇게 할 이상한 사람은 없을 것 같지만) 하루가 다 가기 때문이다. 다무라도 유목민 게르를 방문할 때는 말을 탔다. 말에 올라 '풀 바다' 벌판을 달리다 보면 그렇게 어디까지든 갈 수 있을 것만 같은 생각이 들었다.

말을 타고 대초원을 달리다

그러던 어느 날, 작은 사건이 일어났다. 다무라가 자신을 잘 따르는 소미야라는 유목민 소년과 게르 밖에서 쉬고 있을 때였다. 소미야의 집에 있던 말이 묶어 둔 끈을 풀고 도망쳐 버린 것이다. 자유로워진 말은 그대로 지평선을 향해 똑바로 달려갔다.

"큰일 났다!"

"서둘러!"

소미야와 다무라는 각각 말에 뛰어올라 도망친 말을 쫓았다.

"형은 저쪽으로 가!"

소미야는 큰 소리로 외치면서 말의 속력을 올렸다.

다무라는 다무라대로 고삐를 당겨서 말의 방향을 바

꿔 도망친 말을 쫓았다. 말을 타고 전속력으로 달리면서 다무라는 '말을 타고 몽골의 대초원을 달려 보고 싶다.' 는 꿈이 드디어 이루어졌다고 생각했다. 바로 지금 그 꿈 속에 자신이 있다고 생각하니 등줄기에서 짜릿한 기쁨 이 흘렀다. 그렇게 한참을 쫓아가다 보니 지평선의 작은 점이었던 말은 점점 커졌고, 다무라와 소미야는 도망친 말을 양쪽에서 몰아넣어 겨우 잡을 수 있었다.

다무라는 몽골에 와서 정말 다행이라고 생각했다. 이 런 통쾌함은 일본에서는 평생을 살아도 분명 맛볼 수 없 었을 테니까.

빵을 싫어하던 아이,
제빵사가 되다

겨울이 되자, 일본에서 몽골로 여행을
오는 사람이 없었기 때문에 다무라는 휴가를 내고 일본
으로 돌아가기로 했다.

'아, 최고로 즐거운 한 해였다. 그냥 이대로 계속 몽골
에서 지낼까?'

그렇게 생각하면서 다무라는 의기양양하게 히로시마
로 돌아왔다. 그런데 오랜만에 찾은 본가에는 즐거운 마
음을 한 방에 날려 버릴 만한 일이 기다리고 있었다. 아
버지가 빵집을 그만두겠다고 선언한 것이다. 몽골 생활
에 푹 빠졌던 다무라는 까맣게 잊고 있었지만, 일본은
계속되는 불황에서 아직 벗어나지 못하고 있었다. 다무
라가 일본에 있었을 때보다 오히려 경기는 더 나빠져 있

었다.

아버지로서는 빵집을 물려주려고 했던 아들이 빵집 수련을 중도에 포기하고 점점 먼 곳으로 떠도는 것이 안타까웠을 것이다. 아버지가 운영하는 빵집 두 곳은 종업원을 많이 거느린 채 매출은 줄어서 경영이 매우 어려운 상황이었다. 아버지도 어머니도 많이 지쳐서, 가게 문을 닫고 종업원도 내보내고, 부부 둘이서 작은 빵집을 열어 다시 시작하려 한다고 했다.

'진짜' 빵을 만들자

다무라는 부모님이 운영하는 빵집의 경영 상태가 이렇게까지 나빠졌을 줄 몰랐다. 더 속상했던 것은 아버지와 어머니가 그렇게까지 고민하고 있다는 사실을 자신이 전혀 몰랐다는 것이다.

저도 모르게 '그럼 제가 도울게요.'라는 말이 튀어나왔다. 예순이 넘은 부모에게 그동안 효도다운 효도를 하지 못했다는 죄책감도 있었다. 그리고 좋은 아이디어도 있었다.

"이왕 빵집을 다시 시작할 거라면, 다른 빵집이 아직 하지 않은 걸 해 봐요."

다무라는 자신의 아이디어를 설명했다.

"천연 효모와 장작 화덕을 이용해 진짜 빵을 만드는 거 예요. 백 년이 지나도 계속 이어질 진짜 빵을……."

다름 아닌, 다무라가 동경하는 '푸알란'이나 '르 코팽' 의 빵을 본격적으로 만들자는 말이었다.

"나도 가게를 작게만 할 게 아니라 빵을 더 맛있게 만 들어야 하지 않을까 생각했는데, 그래도 장작 화덕을 쓸 생각은 전혀 못 했네."

아버지가 감탄하며 말했다.

"여보, 우리 아들이 해 보고 싶다는데 같이 해 봐요."

어머니도 거들었다.

"그럼 그럴까요?"

어머니의 말에 아버지가 대답했다.

젊을 때에 비하면 나이가 들수록 무언가를 바꾸고 새 로운 것에 도전하는 것이 어려운 법이다. 그런데도 아버 지와 어머니는 아들이 모처럼 의욕이 보이자 함께 '진짜' 빵 만들기에 도전해 보기로 한 것이다.

빵을 싫어하던 아이, 제빵사가 되다

설날에 친척들이 모두 모인 가운데, 아버지는 가게 문을 닫겠다고 정식으로 발표했다. 4월에는 장작 화덕으로 빵을 굽는 새로운 가게를 열 거라고도 이야기했다.

장작 화덕은 온 가족이 함께 만들기로 했다. 벽돌을 쌓고 사이 사이에 모래를 채웠다. 이렇게 가족 전체가 힘을 합쳐 뭔가를 해낸 것은 정말 오랜만이었다. 장작 화덕은 두 달만에 드디어 완성되었다.

이제 천연 효모로 빵을 만들 차례였다. 오랜 기간 빵을 만들어 온 아버지도 천연 효모로 빵을 만드는 것은 처음이었다. 실제로 천연 효모를 사용해 보니, 빵 반죽이 부풀지 않거나 반대로 너무 부드러워지면서 좀처럼 생각대로 되지 않았다. 천연 효모로 빵을 만들던 사람들의 고생을 덜어 주기 위해 이스트가 상품화된 걸 생각해 보면 당연한 일이었다.

이스트는 빵 효모라고도 하는데, 빵을 부풀려 주는 효모균 중에서 빵 만들기에 가장 적합한 균을 한 종류만 골라 공방에서 대량으로 키운 것을 말한다. 이스트를 건조

한 드라이 이스트는 보관하기도 쉽고 품질도 안정적이어서 전 세계에서 널리 쓰이게 되었다. 이스트를 사용하면 빵이 빨리 부풀어 오르고, 풍성하고 맛있게 구워지기 때문이다.

천연 효모를 사용하는 이유

천연 효모는 건포도 등을 물에 담가 발효시켜 만든다. 간단히 말하면, 건포도 발효추출물이 '건포도 발효액 종'이고, 이 건포도 발효액 종에 밀가루와 물을 섞은 것이 '건포도 발효종'이다. 건포도 발효종을 사용하려면, 건포도를 물에 담그는 것부터 시작해서 빵을 구울 수 있는 상태가 되기까지 대략 열흘에서 보름 정도의 시간이 걸린다. 게다가 건포도 발효종은 살아 있는 균이기 때문에 만들어 두고 사용할 수 없어서 매일 밀가루와 물을 넣고 섞어 주어야 한다.

그렇다면 왜 이스트라는 편리한 효모를 두고 이렇게 손이 많이 가는 천연 효모를 굳이 사용하는 걸까? 프랑스의 한 빵집이 사용하는 천연 효모를 조사했더니, 무려

천 가지 이상의 효모균이 발견되었다고 한다. 이스트균 한 종류만 사용한 빵과 천연 효모를 사용한 빵을 비교해 보면 어떨까? 천연 효모를 사용한 빵의 맛이 압도적으로 깊이가 있고, 밀 본연의 고소한 향기를 느낄 수 있다. 그리고 천연 효모를 사용하면 밀가루를 천천히 발효시킬 수 있기 때문에 소화도 잘된다.

아버지가 가스 오븐에 굽는 식빵이나 단과자빵 같은 부드러운 빵에는 건포도 발효액 종을 사용하고, 다무라가 장작 화덕에서 굽는 캉파뉴처럼 딱딱하고 신맛이 나는 빵에는 건포도 발효종을 사용하는 등 빵에 맞춰 천연 효모를 구분해서 사용하기로 했다.

장작 화덕에 빵을 굽다

장작 화덕을 사용하는 것도 생각처럼 쉽지 않았다. 가스 오븐은 온도와 타이머를 설정해 두기만 하면, 나머지는 그냥 내버려 두어도 매번 똑같은 빵을 구울 수 있다. 하지만 장작 화덕은 타이머에만 맡길 수 없다. 빵이 구워지는 색깔을 보면서, 더 굽는 게 좋을지 아니면 그만 꺼내는 게 좋을지 매번 스스로 판단해야 한다. 자칫 잘못하면 빵이 시커멓게 타 버려서 판매할 수 없는 상태가 돼 버리고 만다.

장작 화덕에 빵을 많이 구우려고 하면 시간이 오래 걸린다는 것도 알게 되었다.[*] 장작에 불을 지펴 화덕의 온도를 높이는 데 두 시간, 온도를 조절하고 빵을 놓을 곳을 깨끗이 치워서 반죽한 빵을 넣고 구워질 때까지 기다리는 데 두 시간이 더 걸린다. 장작 화덕에 빵을 한 번 구워 내는 데 대략 네 시간이 필요한 것이다. 빵을 많이 굽기 위해서 세 번, 네 번 굽다 보면, 단순 계산으로 열두 시간에서 열여섯 시간이 걸린다. 일반적인 회사원의 하루 근무 시간이 여덟 시간이라는 것을 고려하면, 장작 화덕에 빵을 굽는 일이 얼마나 힘든지 알 수 있다.

'진짜 빵'을 만들겠다는 게 듣기에는 좋지만, 천연 효모를 사용하고, 장작 화덕에 빵을 굽는 일은 정말 손이 많

---

[*] 장작 화덕의 크기에 따라 다르다. 작은 장작 화덕이라면, 한 번에 구울 수 있는 빵의 수가 한정되기 때문에 여러 번 장작 화덕에 불을 피워서 구워야 한다. 큰 장작 화덕이라면, 한 번에 많은 빵을 구울 수 있기 때문에 가스 오븐보다 효율적으로 빵을 구울 수 있다.

이 가는 작업이다. 게다가 매번 맛있는 빵을 구울 수 있다는 보장도 없기 때문에 제빵사로서의 솜씨와 근성을 시험받는다.

옛날, 다무라의 할아버지가 빵집을 시작했을 때는 화덕에 석탄을 구워서 빵을 구웠다고 한다. 이스트는 구할 수 없었기 때문에 '술 효모'로 빵 반죽을 하고 다음 날부터는 전날 남은 반죽을 효모로 삼았다. 즉, 다무라가 하고자 하는 일은 아버지 대의 편리하고 효율적인 빵 만들기에서 등을 돌려, 할아버지 대의 옛날식 빵 만들기로 되돌아가는 것이었다.

다무라, 텔레비전에 나오다

'장작 화덕에서 굽는 천연 효모 빵'이라는 말이 향수를 자극한 것인지 화제가 되었다. 아직 가게 문을 열지도 않았는데 방송국에서 취재하러 왔다. 그렇게 다무라가 빵을 만드는 모습이 방송에 소개되자 가게는 더욱 주목받게 되었다.

아버지는 가게를 처음 여는 날 손님이 많이 올 것에 철

저히 대비했다. 빵 제조에 세 명, 샌드위치 준비와 계산에 다섯 명, 총 여덟 명을 배치했다. 원래는 부부 둘이 아담하게 빵집을 운영하겠다고 했는데 정신을 차리니 일이 커져 버린 것이다.

드디어 새 빵집 '드리앵^{deRien}'의 문을 여는 날이 찾아왔다. 당일 아침, 가게 선반에는 갓 구운 바게트, 캉파뉴, 식빵, 크루아상, 데니쉬, 카레 빵, 피자, 샌드위치 등 다양한 빵이 진열되었다.

정말 손님이 많이 와서 가게 안에 다 들어오지 못할 정도였다. 한편 '드리앵'의 빵 공방에서는, 빵 반죽이 부풀어 올랐는데도 장작 화덕이 뜨거워지지 않았다거나, 반대로 장작 화덕이 준비됐는데 빵 반죽이 부풀지 않았다거나 하는 등의 일로 난리가 났다. 다행히 넉넉하게 준비해 둔 빵이 모두 팔려 행복한 첫날이 되었다.

빵집에서 빵을 버리는 이유

개업한 지 얼마 안 됐을 때는 새로운 것에 대한 호기심 때문인지 정말 많은 손님이 찾아왔다. 하루에 백 명이 넘는 손님이 오니 빵을 구워도 구워도 금방 팔렸다. 하지만 몇 주가 지나자 점차 빵은 팔리지 않았다.

새로운 가게를 구경하러 왔던 손님은 빵이 엄청나게 맛있지 않으면, 두 번, 세 번 다시 오지 않는다. 그런데 천연 효모 빵 만들기에 익숙하지 않다 보니, 아무리 고급 국산 밀을 사용해 정성스럽게 만들어도 예전 가게보다 빵이 맛있지 않았다.

손님이 적으면 빵은 팔리지 않고 남는다. 팔리지 않은 빵은 아깝더라도 버려야 한다.* 안 팔리더라도 다음 날 팔면 되지 않느냐고 생각할 수도 있다. 하지만 모든 손님은 갓 구운 빵을 사러 빵집에 온다. 갓 구운 빵이 아니어도 괜찮다면 슈퍼나 편의점에서 살 수 있으니까. 무엇보다 팔리지 않은 빵을 다음 날 가게에 내놓고 팔았다가, 만약 손님이 그 빵을 먹고 식중독이라도 걸리면 큰일이다.

---

* 지금은 인터넷 비즈니스가 활발해져서 빵의 통신 판매나 팔리지 않은 빵을 냉동해서 파는 일이 보편화되었다. 하지만 그 당시에는 가게를 차려놓고 찾아오는 손님에게 빵을 파는 것이 일반적이었다. 다무라의 할아버지가 빵집을 운영했을 때는 빵집이라고 해도 공방뿐이고, 판매는 근처 야채 가게 등에 맡겼다고 한다. 시대가 변하면서 빵집도, 빵을 파는 방법도 바뀌어 간다.

빵이 남는 건 어쩔 수 없어?

다무라는 머리를 싸맸다. 손님이 줄었다고 빵 종류를 줄일 수 없는 노릇이었다. 가게에 빵 종류가 적고, 먹고 싶은 빵이 없다고 생각한 손님은 다시는 가게를 찾지 않을지도 모른다. 그리고 빵의 수량을 줄여서 저녁 전에 다 팔아 버리면, 저녁에 방문하는 손님들은 가게에 가 봐야 항상 빵이 없다고 판단해서 더 이상 오지 않을 수도 있다. 그러니 빵이 팔리지 않더라도 매일 많은 빵을 준비해야 했고 팔리지 않은 빵은 아무리 아깝더라도 버려야 했다.

다무라, 빵 만드는 악마가 되다

장작 화덕에 빵을 굽기 위해서는 마음의 준비가 필요하다. 그래서 장작 화덕 앞에만 서면 자연스럽게 다무라의 머리는 곤두서고 눈을 치켜뜨게 됐다. 평소에는 온화한 다무라가 악마처럼 변해 버렸다.

"정성이 안 담겨 있다고! 집중하란 말이야!"

악마가 된 다무라는 온몸에 전기가 흐르는 것처럼 예

민해져서, 사소한 일에도 직원들에게 호통을 쳤다.

"너는 뭐가 그렇게 조급한 거야, 빵은 팀워크로 만드는 거야."

아버지는 다무라에게 자주 주의를 줬다. 확실히 다무라는 초조했다. 자신이 아이디어를 내고 모두를 끌어들인 '장작 화덕에서 구운 천연 효모 빵'이 잘 안되면 가게는 망하고 마는 거니까. 또 여덟 명의 직원에게 제대로 월급을 줄 수 있을지 어떨지도, 자신이 장작 화덕에 굽는 빵에 달려 있었다.

그런데 그렇게 중요한 '장작 화덕에서 구운 천연 효모 빵'을 만드는 방법을 다무라 자신을 포함해서 '드리앙'에 있는 그 아무도 제대로 몰랐다. 머릿속에 있는 이미지에 조금이라도 가깝게 더듬더듬 빵을 만들어 갔지만, 그것이 생각대로 되지 않아 다무라는 짜증이 났다. 게다가 아버지를 비롯해 다른 제빵사도 다무라가 만들고 싶은 빵을 알아주지 않자 고독했다. 이러한 이유로 다무라는 공방에서 까칠한 모습을 보였던 것이다.

어떻게 하면 좋을까!!

손님이 많아서 돈을 갈퀴로 끌어모으듯 번다면 고생하는 보람이라도 있을 것이다. 하지만 현실은 빚까지 내서 가게를 새로 열었는데 적자가 계속되고, 저녁에는 팔리지 않은 빵을 큰 쓰레기봉투로 두 봉지나 버리는 상황이었다.

환경 문제를 해결하는 데 인생을 바치겠다고 다짐한 다무라였는데, 매일 녹초가 될 때까지 만든 빵을 쓰레기봉투에 담아 버리면서 하루를 끝내고 있었다. 몽골 유목민들이 피 한 방울 낭비하지 않고 알뜰하게 양을 먹는 것을 보고 어떻게든 그 정신을 일본 사람들에게도 전달하고자 했는데, 정성껏 구운 빵을 매일 버리고 있자니 다무라는 너무나 답답했다.

다무라는 한 알의 밀조차도 낭비하고 싶지 않았다. 그
런데 '갓 구운 빵이 좋다.'거나 '여러 종류가 있었으면 좋
겠다.'는 손님들의 요구에 응하자면 매일 많은 빵을 준비
해야만 한다. 그렇게 빵을 많이 만들려면 그만큼 사람도
많이 필요하다. 그 많은 사람에게 월급을 주려면, 빵을
더 많이 만들어 팔아야 한다. 그런데 그 결과 버리는 빵
도 점점 많아진다⋯⋯.

뭔가 이상했다. 이건 뭐가 잘못된 게 틀림없었다.

"도대체 어떻게 해야 하는 거냐고!!"

다무라는 너무 괴로운 나머지 답답한 마음을 크게 소
리쳐 외치기도 했다.

먹는다는 것은
'생명'을 얻는 것

다무라가 제빵사가 된 지 1년 정도 지난 어느 날, 기쁜 일이 있었다. 몽골에서 알고 지낸 달리아라는 학생이 일본으로 유학을 와서 다무라의 집에 잠시 머물게 된 것이다. 다무라는 달리아에게 몽골과 지인들의 이야기를 듣고 그곳이 그리워 견딜 수 없었다.

다음 날, 다무라는 달리아에게 모처럼 빵집에서 홈스테이를 하게 되었으니 빵집 일을 도와 달라고 부탁했다. 태어나서 처음으로 일본 빵집을 본 달리아는 먼저 빵 종류가 굉장히 많다는 것에 놀랐다. 그리고 크림이나 카레를 빵 반죽으로 감싸서 빵을 만든다거나 여러 재료를 넣어 샌드위치를 만드는 섬세한 작업 과정을 보고서 눈이 동그래졌다.

달리아가 가장 놀란 것은 가게 문을 닫고 나서, 선반에 남은 빵을 모두 쓰레기봉투에 담아 버리는 장면이었다. 팔리지 않았을 뿐, 모두 그날 구운 빵이었다. 여전히 맛있고 먹을 수 있는데 왜 버려야 하는지, 몽골에서 음식을 낭비하지 않는 습관이 몸에 밴 달리아로서는 그 상황을 도무지 이해할 수 없었다.

달리아와의 큰 다툼

"왜 아직 먹을 수 있는 빵을 버려?"

"손님들은 갓 구운 빵을 사러 오는 거야. 그래서 아직 먹을 수 있는 빵이라도 만든 날 팔리지 않으면 버려야 해."

"빵을 더 적게 만들어서 저녁까지 다 팔면 되잖아."

"저녁에만 빵집에 올 수 있는 손님도 있어. 모처럼 왔는데 빵이 적으면 그 손님은 앞으로 안 올 거 아니야."

"그럼 남은 빵을 싸게 해서 다 팔면? 그게 안 되면 누구한테 주든지."

"일하느라 지쳐 있는데, 밤까지 남은 빵을 나눠 주고 다닐 수는 없어."

"하지만 멀쩡한 음식을 버리다니 정말 이상해!"

"그걸 나라고 모르겠어?"

다무라의 목소리가 커졌다.

"나도 내가 만든 빵을 버리고 싶지 않아. 하지만 일본에서는 어쩔 수 없다고!"

버럭 소리를 지른 다무라는 부끄러워서 울고 싶었다. 다무라도 달리아의 말이 옳다는 것을 잘 알고 있었기 때문이다. 이유가 무엇이 되든지 음식을 버리는 것은 잘못된 행동이다. 먹는다는 건 '생명'을 얻는 거니까. 이것은 다무라가 몽골에서 배운 가장 소중한 교훈이었다.

그날 밤 다무라는 좀처럼 잠들지 못했다. 달리아와의 말다툼이 계속 생각났다.

'멀쩡한 빵을 버리는 것은 확실히 잘못된 일이다. 그렇다면 빵을 버리지 않으려면 대체 어떻게 해야 하지?'

빵의 본고장 프랑스로 가다

빵을 더 맛있게 만들 것! 말로는 간단한 일처럼 보이지만, 그것이 다무라가 내린 결론이었다. 다무라는 '진짜' 빵이 어떤 것인지 알고 싶어서 동경하는 '푸알란'에서 캉파뉴를 주문해 보았다. 상자를 열자 '프랑스의 향'이라는 표현 외에 달리 말할 수 없는 빵 냄새가 풍겼고, 그 향은 다무라의 기억에 깊이 새겨졌다.

그때부터였다. 다무라는 자신이 굽는 캉파뉴와 '푸알란'의 캉파뉴가 왜 이렇게 다를까 생각하기 시작했다.

'우리는 일본 밀가루를 사용하니까 당연히 재료부터 달라. 그럼, 천연 효모는 어떨까? 빵 만드는 방법은? 굽는 방법은?'

사실 다무라는 캉파뉴 만드는 방법을 누구에게도 배

운 적이 없었다. 진짜 빵을 만들자고 부모님을 설득해서 장작 화덕에 천연 효모 빵을 굽고는 있지만, 마음속으로는 자신이 만드는 빵이 가짜일까 봐 불안했다. 다무라는 이대로 고민만 해서는 절대 '진짜' 빵을 만들 수 없다는 것을 알고 있었다.

결국 빵은 서양의 식문화다. 과거 몇 세대, 아니 수십 세대에 걸쳐 장인의 땀과 지혜가 담겨 완성된 결정체이다. 그 역사의 더께를 생각하면 일본인인 자신이 일생을 걸어도 도저히 같은 수준에 도달할 수 없을 것만 같았다.

'진짜 빵을 만들고 싶다면 프랑스에 가서 배울 수밖에 없다!'

하지만 다무라가 프랑스로 가 버리면 그동안 장작 화덕으로 구웠던 빵은 어떻게 해야 할까? 장작 화덕에서 구운 빵을 사는 손님이나 빵을 납품하는 레스토랑에 뭐라고 말하면 좋단 말인가.

다무라는 아버지의 반응을 먼저 살피기로 했다.

"빵을 더 맛있게 만들려면 프랑스에 가서 배워야겠어요."

아버지는 힐끗 다무라의 얼굴을 보았을 뿐 상대해 주지 않았다. 그렇다. 크리스마스가 있는 겨울은 빵집이 일년 중 가장 바쁜 시기이다. 이때 제빵사를 다른 곳에 보내는 빵집은 없을 것이다.

하지만 그런 이유로 포기할 다무라가 아니었다. 다무라는 프랑스에서 빵 만드는 법을 배운다면 꼭 가고 싶은 빵집이 있었다. 용기를 내서 그 빵집에서 빵 만드는 법을 배우고 싶다고 편지를 썼다. 얼마 후 가게에 머물면서 배워도 좋다는 답장이 왔다. 프랑스 빵을 배울 기회에 한 발짝 다가선 다무라는 뛸 듯이 기뻤다.

며칠 후 아버지가 할 말이 있다고 다무라를 불렀다. 몰래 진행하고 있던 프랑스행이 들킨 게 아닐까 싶어서 두근거리는 마음을 붙잡고 아버지와 마주 앉았다. 그런데

아버지는 예상과 전혀 다르게 내년에 '드리앵'의 대표 자리를 다무라에게 물려주겠다는 이야기를 했다. 어쩌면 '그렇게 프랑스에 빵을 배우러 가고 싶으면 네가 경영자가 되어 스스로 결정하면 돼.'라고 슬그머니 아들의 등을 밀어주는 아버지의 배려였는지도 모른다.

마침내 동경하던 프랑스로

2008년 여름. 다무라는 프랑스 '르 포닐 드 세드르^{Le Fournil du Cèdre}'에서 한 달 정도 지냈다. 가게에 붙은 다락방에 묵으면서 빵 만드는 법을 배운다니 꿈만 같았다. '르 포닐 드 세드르'는 파리에서 남서쪽으로 250km 정도 떨어진, 인구 4백 명 정도 되는 작은 마을 생피에르에 있다. 부부 둘이서 장작 화덕에 천연 효모 빵을 구워 파는 아담한 빵집이었다.

다무라가 '르 포닐 드 세드르'에서 가장 먼저 압도당한 것은 빵의 양. 만드는 빵의 종류는 큰 빵 몇 개에 불과했지만, 그 양이 '드리앵'의 세 배는 될 정도로 훨씬 많았다. 프랑스에서는 어느 집에서나 하루 세끼 빵을 먹으니 그

럴 만도 했다. '르 포닐 드 세드르'는 가까운 동네 유기농 식품 슈퍼에도 도매로 빵을 공급했기 때문에 그만큼의 빵을 준비해야 했다.

이제껏 다무라는 작품을 내놓는다는 생각으로 고집스럽게 빵을 구워 왔다. 하지만 '르 포닐 드 세드르'에서는 빵 하나하나에 공들일 여유가 없었다. 사람들이 매일 먹는 빵을 굽는 것이지, 하나에 수십만 엔 하는 도자기 작품을 굽는 게 아니니까 말이다.

'이것이 바로 본고장의 빵 만들기로구나. 빵이 주식이라는 게 이런 거구나.'

당연하다고 하면 당연한 사실을, 다무라는 그제야 깨달았다. 그리고 더 놀라운 것은 '르 포닐 드 세드르'에서는 매일 '드리앙'보다 많은 빵을 굽는데도 불구하고 빵을 하나도 버리지 않는다는 사실이었다.

'빵을 버리지 않는 빵집이 정말 있었구나!!'

다무라는 감격했다.

맛의 비밀

'르 포닐 드 세드르'의 레시피에서 가장 놀란 것은 농약이나 화학 비료를 사용하지 않은 유기농 밀을 사용한다는 점이었다. 유기농 밀로 만든 빵은 정말 맛있었다.

일본의 빵집 대부분은 가격이 저렴한 외국 수입산 밀을 사용한다. '드리앵'처럼 국산 밀을 사용하는 빵집은 극히 드물다. 게다가 유기농으로 국산 밀을 재배하는 농가는 적고, 그 결과 가격도 상당히 비싸다. 다무라도 빵 가격을 더 높일 수만 있다면 국산 유기농 밀을 사용하고 싶었다. 보통 사람이 부담 없이 사 먹을 수 있는 빵 만들기를 목표로 하는 다무라에게 유기농 밀은 손이 닿지 않는 먼 존재일 수밖에 없었다. 그런데 프랑스에서는 유기농 밀이 그리 비싸지도 특별하지도 않았다. '르 포닐 드 세드르'뿐만 아니라 환경을 생각하는 빵집이라면 보통 유기농 밀을 사용했다.

빵 재료의 차이는 제빵사의 솜씨로 어떻게 할 수 있는 것이 아니다. 그러니 빵을 만들기 전에 이미 승부가 난 것과 다름없었다. 다무라는 어쩐지 질투가 났다.

그렇다면 일본의 유기농 밀 가격이 비싼 이유는 뭘까? 식량 자급률이 낮은 일본은 밀 자급률 역시 16퍼센트밖에 되지 않는다. 빵을 만드는 데 사용하는 밀로 한정하면 겨우 3퍼센트밖에 안된다. 그 3퍼센트 중 극히 일부만이 유기농 밀이다. 이렇게 양이 적으니 가격이 비쌀 수밖에 없다.

반면, 프랑스는 밀 자급률이 130퍼센트나 돼서 수출까지 한다. 프랑스처럼 농업이 활발한 국가에서는 제빵사는 엄선한 재료를 사용하여 빵을 굽고, 손님은 건강에 좋으면서 싸고 맛도 있는 빵을 매일 먹을 수 있는 것이다. 이 부분은 제빵사로서 너무너무 부러웠다.

물건을 사는 것으로 미래를 바꾸다

'일본의 국산 밀 자급률을 높이고, 더 나아가 국산 유기농 밀을 더 보급하고 싶다.'

이러한 이유로 다무라는 가격이 비싸도 국산 밀을 사용해 왔다. 평소 다무라는 '물건을 사는 건 투표'라고 생각한다. 선거에서 어떤 후보에게 자신들의 미래를 맡길지

깊이 생각해서 투표하듯, 물건을 살 때도 자신들의 미래에 무엇을 남기고 싶은지 잘 생각해야 하기 때문이다. 모두가 사는 물건, 즉 모두의 한 표가 나라의 미래를 바꾸어 가는 것이다. 국산 유기농 밀로 만든 빵을 사면 그게 한 표가 된다. 그 한 표로, 유기농 밀을 사용하는 빵집이나 유기농 밀을 재배하는 농가에 용기를 줄 수 있다. 그리고 국산 유기농 밀로 만든 빵을 산 사람은 몸에 좋은 데다가 맛까지 좋은 빵을 안심하고 먹게 된다.

　유기농 밀 농가가 열심히 재배하고 제빵사가 열심히 빵을 굽고 손님들이 더 많이 먹는 흐름이 생기면 농가도 기뻐서 더 많은 유기농 밀을 재배하게 될 것이다. 유기농 밀

의 생산량이 이렇게 증가하면 가격이 저렴해져서 일본 전역의 빵집이 유기농 밀을 사용하기 쉬워진다. 이처럼 모두가 행복해지는, 그런 큰 물결을 일으키는 것이 다무라의 바람이었다.

빵도 핫케이크도 사라져 버린다면

다무라가 국산 밀을 고집하는 데는 한 가지 이유가 더 있다. 수입 밀은 국산 밀보다 저렴하기는 한데 문제가 있다. 밀을 해외에서 배로 운반하는 데 시간이 걸리기 때문에 그사이 밀에 곰팡이가 필 수 있다. 또 밀이 벌레에게 먹히지 않도록, 밭에서 수확한 후에 농약을 뿌리는 포스트 하비스트 post harvest 과정을 거친다. 이 포스트 하비스트에 쓰이는 농약이 문제다. 일본에서 허가한 농약은 약 3백 종 정도인데, 외국에서는 7백 종이나 되는 농약이 사용되고 있다. 수입 밀에는 일본에서 허가하지 않은 농약이 뿌려져 있을 가능성이 있다는 말이다. 일본은 밀의 90퍼센트 가까이 수입에 의존하고 있는데, 일본에서 허가하지 않은 농약을 뿌린 밀을 먹는다면 몸에 나쁜 영향을 미칠지도 모른다.

다른 관점으로 생각해 볼 필요도 있다. 만약 식량 위기가 와서 세계 각국이 '이제 일본에는 밀을 팔 수 없다.'고 한다면 어떻게 될까? 밀가루가 없으면 빵도 핫케이크도, 심지어 라면도 먹을 수 없다. 그렇게 되면 정말 곤란하지 않겠는가?[*]

이러한 이유로 다무라는 포스트 하비스트 처리를 걱정하지 않아도 되고, 식량 위기가 와도 빵을 만드는 데 문제없는 국산 밀 사용을 고집한 것이다.

프랑스에 온 지, 눈 깜짝할 사이에 한 달이 지나 다무라가 일본으로 돌아갈 날이 되었다. 다무라는 빵의 본고장에서 빵 만들기의 기초부터 배울 수 있었다는 것에 매우

---

[*] 2007년부터 이듬해에 걸쳐, 세계의 밀·쌀·옥수수·콩 가격이 종전에 비해 세 배나 올랐다. 인구 증가와 옥수수 등 곡물을 식용이 아닌 바이오 연료 등으로 사용하는 수요가 늘어난 것 등이 원인으로 알려져 있다. 식량을 구할 수 없어서 세계 각국에서 폭동이 일어났다. 태국에서는 쌀 도둑이 등장하고, 수단에서는 식량을 운반하던 트럭이 56대나 납치되었다. 그리고 이집트에서는 빵을 사려고 줄을 선 사람들 사이에 싸움이 일어났다. 또한 식량을 수입에 의존하면 상대국과 사이가 나빠졌을 때 식량을 수입하기 어려워진다. 상대국에서 재해가 일어나 농작물을 수확할 수 없어도 역시 수입이 어렵다. 식량이 부족하면 가격이 높아지고, 가격이 높아지면 식량을 사기 어려워진다.

만족했다. 드디어 더듬더듬 빵을 만들어야 하는 답답한 상황에서 해방되는 것을 느꼈다.

'르 포닐 드 세드르'에서 프랑스 제빵사의 삶을 엿볼 수 있었던 것도 큰 수확이었다. 덕분에 다무라는 비로소 자신이 목표로 하는 것이 무엇인지 알게 되었다.

'좋아, 일본에 돌아가면 맛있는 빵을 잔뜩 구워야지!'

다무라는 이렇게 다짐하며 일본행 비행기에 올랐다.

빵을 버리지 않는 빵집

다무라가 제빵사가 된 지 어느덧 5년의
세월이 흘렀다. 다무라가 장작 화덕에 구운 빵은 여러 잡
지에 소개되었다. 그러면서 오사카나 규슈에서 손님들이
찾아왔고, 백화점 행사에 입점해 달라는 요청을 받기도
했다. 하지만 여전히 '드리앵'에서는 가게 문을 닫은 후
남은 빵을 쓰레기봉투에 담아 버리고 있었다.

'빵은 분명 맛있어졌을 텐데…….'

다무라는 팔짱을 끼고 생각에 잠겼다. 장작 화덕에서
구운 빵은 쉽게 상하지 않기 때문에 팔리지 않은 빵을
얇게 썰어 달콤하게 다시 구워서 러스크로 만들 수 있다.
그러나 단과자빵은 과일이나 크림 등의 재료가 들어 있
어서 상하기 쉽고, 러스크로 만들 수도 없다. 아깝지만

그날 팔리지 않으면 버려야 했다.

'드리앵'에는 동네 어린이나 노인도 빵을 사러 오는데, 이들은 주로 다무라가 장작 화덕에서 구운 빵이 아니라 아버지가 가스 오븐에 구운 부드럽고 달콤한 단과자빵을 사 갔다. 일본 전역의 빵집도 다무라의 가게와 크게 다르지 않을 것이다.

예전에 다무라는 단과자빵 판매를 그만두려고 한 적이 있다. 하지만 '드리앵'에서 가장 인기 있는 단과자빵 매출이 없어지면 직원들에게 월급을 줄 수 없었다. 그래서 장작 화덕에 구운 빵이 더 많이 팔리게 되면 다시 생각해 보기로 하고 단념했었다.

버려지는 음식들

먹을 수 있는데 버려지는 음식을 '식품 손실 Food Loss and Waste'이라고 한다. 식품 손실은 전 세계적으로 한 해에 약 13억 톤 정도가 발생한다. 즉, 전 세계에서 만들어진 음식 중 3분의 1은 먹지도 않고 버려지는 것이다. 일본에서도 한 해 약 6백만 톤의 식품 손실이 발생한다. 이것은 한 사람이 매일 주먹밥을 하나씩 버리는 것과 같다.

　우리 모두 고기든 야채든 계란이든 다른 생물의 '생명'을 먹고 살아간다. 소나 돼지 등 가축을 기르는 데에도, 벼와 토마토 등 곡물이나 채소를 재배하는 데에도 많은 사람의 손길이 필요하다. 그리고 그것들을 먹을 수 있게 가공해서 슈퍼 같은 판매처로 운반하는 데에도 인력과 에너지가 많이 사용된다. 그래서 식품 손실이 '생명'만 허비하는 게 아니라는 것이다. 수많은 사람의 노동과 소중한 자원과 에너지 또한 낭비하는 것이다. 게다가 쓰레기 처리장에서 음식물 쓰레기를 태우려면 돈도 많이 필요하고,[*] 심지어 지구온난화에 악영향을 주는 이산화탄소까지 배출하게 된다. 이산화탄소 배출을 막겠다고 음식물 쓰레기를 태우지 않고 땅에 묻으면, 이번에는 이산화탄소보다 25배 이상의 온실효과를 높이는 메탄이 발생한다.

---

[*] 음식물 쓰레기는 무게의 80퍼센트가 수분이라서 잘 타지 않지만, 대부분의 일본 지자체는 소각로에서 태우고 있다. 일본의 쓰레기 소각률은 80퍼센트로 세계 다른 나라들과 비교했을 때 높은 편이고, 음식물 쓰레기를 포함한 쓰레기 처리에 연간 약 2조 엔을 쓴다.

먹거리가 가장 큰 환경 문제

다무라가 수습생으로 교육받다가 쇼트닝 때문에 중도에 뛰쳐나왔던 가나자와의 빵집을 기억하는가?

쇼트닝의 주된 원료는 동남아시아에서 많이 재배되는 기름야자에서 채취한 팜유다. 동남아시아에서는 기름야자 농원을 만들기 위해 매년 큰 규모의 열대우림을 불 태우고, 그 바람에 코끼리, 호랑이, 오랑우탄 등을 비롯한 다양한 생물이 삶의 터전을 빼앗기고 있다.

그뿐만 아니라 열대우림이 타면서 발생하는 연기는 동남아시아의 공기를 오염시키고, 호흡기나 폐 질환에 걸리는 사람을 증가시키고 있다. 또한 이산화탄소를 흡수하고 광합성을 통해 우리가 호흡할 때 필요한 산소를 배출하는 열대우림이 줄어들면서 지구온난화는 점점 더 심각해지고 있다.

10년 후, 20년 후, 아니 백 년 후에도 전 세계인이 행복하게 살 수 있도록 하려면, 식품 손실이나 쇼트닝 등을 포함해 먹거리 전반에 대해 진지하게 생각해야 한다. 언젠가 다무라의 아버지가 말했듯, '먹거리가 가장 큰 환경 문제'인 것이다.

환경 문제를 해결하기 위해 빵집이 할 수 있는 일

다무라는 가스 오븐에 굽는 단과자빵을 그만 만들고, 장작 화덕에 굽는 빵만 만들면 어떻게 될까 생각해 보았다. 준비해야 할 빵 반죽의 종류가 줄게 되니까 믹서를 돌리는 횟수가 4분의 1 정도로 줄고, 반죽의 양이 줄게 되니까 냉장고도 10분의 1 정도 크기면 충분해진다. 냉동고도 가스 오븐도 제빵 발효기도 필요 없어진다. 전기와 가스 요금을 절약할 수 있고 식품 손실도 상당히 줄일 수 있다는 말이다. 환경적으로도 단과자빵이 없는 빵집이 지구에 주는 부담이 훨씬 적은 것이다. 제빵사로서도 이 편이 훨씬 더 설레고 재밌을 것 같았다.

이제 남은 것은 어떻게 실현할 것인가였다. 가게에서 가장 인기 있는 단과자빵을 없애고 딱딱하고 커다란 빵만 팔아서 가게를 운영할 수 있을까?

'빵을 버리지 않는 빵집' 출항

　새해가 되자 다무라는 히로시마의 번화가에 가게를 하나 더 내기로 했다. '드리앵'에서 가장 인기 있는 단과 자빵 판매를 그만두고도 직원들에게 월급을 주려면, 그만큼 장작 화덕에 구운 빵을 더 많이 팔아야 했다. 다무라는 '드리앵'의 경영자로서 손님을 마냥 기다릴 게 아니라 장작 화덕에서 구운 빵을 좋아할 손님을 찾아 번화가로 나서기로 한 것이다.

　새로 문을 연 '불랑주리 드리앵 Boulangerie deRien'은 복고풍 유리문 너머로 새하얀 회반죽 벽과 짙은 갈색 선반이

잘 보이는 빵집이었다. 아버지가 지은 '드리앙ドリアン'이라는 가게 이름은 '별 거 아니다.'라는 뜻의 프랑스어 '드리앙deRien'으로 바꿔서 좀 더 프랑스 느낌이 나게 했다. '별 거 아닌 빵집'이라니 다무라다웠다.

'불랑주리 드리앙'의 선반에는 캉파뉴와 팽 블랑Pain blanc같은 큰 빵을 군데군데 진열했다. 다무라는 새로운 가게에는 단과자빵이나 식빵은 물론, 바게트조차 두지 않기로 했다. 마침내 장작 화덕에서 다무라가 구운 빵으로만 채워진 것이다. 공방이 있는 '드리앙' 본점도 상황을 봐 가면서 단과자빵, 식빵, 바게트 판매를 줄여 가다 언젠가는 장작 화덕 빵만 남기기로 마음먹었다. 이렇게 빵을 버리지 않는 빵집 '불랑주리 드리앙'이 드디어 출항했다.

다무라, 장인의 반열에 오르다

'드리앙'의 오랜 단골손님들은 단과자빵과 식빵 판매를 그만둔다는 소식을 듣고 아쉬워했다. 실제 식빵을 사러 오는 손님이 꽤 많았고, 바게트의 매출액은 레스토랑 납품 매출액의 90퍼센트를 차지하던 터였다. 이 때문에 큰 결단어 필요했다.

가게를 찾는 손님이 절반으로 줄고, 몇몇 레스토랑과의 거래도 거절당하자 묘책을 강구해야 했다. 다무라는 장작 화덕에 구운 빵의 본고장이 프랑스라는 특징을 살려서 프랑스 요리 전문점이나 와인 전문점 영업을 해 보기로 했다. 히로시마뿐만 아니라 도쿄의 유명 레스토랑에까지 무작정 뛰어들었다. 그렇게 해서 주문을 받으면 내가 만든 빵이 전문 요리사에게 인정받은 것 같아 기뻤고, 성과가 없더라도 전문 요리사의 의견을 듣는 것으로 공부가 되었다.

한 와인 전문점에 장작 화덕 빵을 팔러 갔을 때의 일이다. 다무라의 빵 설명을 한참 듣던 가게 주인이 이렇게 말했다.

"그렇다면 남프랑스 랑그독 와인과 어울릴 것 같네요. 그 근처에는 가족끼리 하는 작은 와이너리가 많아서 어디를 가든 소탈하게 대해 줘서 좋아요."

다무라가 남프랑스의 아담한 와이너리와 포도밭의 풍경을 떠올리자니 가게 주인이 말을 이어갔다.

"그러고 보니 랑그독 와이너리 사장님의 손이 꼭 당신

의 손을 닮았네요."

다무라는 바로 자기 손을 들여다보았다. 여기저기 금이 가 있고 숯이 달라붙었던 자리의 손금은 읽기 어려웠다. 사람들 앞에 내밀기 부끄럽고 지저분한 손. 하지만 다무라는 왠지 자신이 드디어 장인의 반열에 오른 것 같아서 가슴이 뜨거워졌다.

'앞으로도 이 까칠까칠하게 거칠어진 손으로 정성껏 빵을 굽자. 이 손의 온기가 전해질 수 있는 진짜 빵을.'

다무라는 마음속으로 다짐했다.

아버지의 사직서

다무라가 '불랑주리 드리앵'을 '빵을 버리지 않는 빵집'으로 만들기 위해 여러 가지 변화를 시도하는 과정에서 얻은 것도 있고 잃은 것도 있었다. 얻은 것은 환경친화적인 빵집이라는 평판과 새로운 고객이다. 그리고 잃은 것은 오랜 단골손님과 빵집 동료들이다.

아버지는 아들 다무라에게 사직서를 내고 일을 그만두었다. 아버지와 함께 빵 제조를 담당했던 또 다른 제빵사도 그만두었다. 손님들의 사랑을 줄곧 받은 단과자빵과 식빵 그리고 바게트까지 판매하지 않기로 한 것이 두 제빵사의 자부심에 상처를 주었고, 이제 '드리앙'에 자신이 있을 이유가 없구나 하는 생각이 들게 했을지도 모른다.

어찌 됐든, 한꺼번에 제빵사 두 명이 그만뒀기 때문에 거의 다무라 혼자 빵을 만들어야 했다. 한밤중에 공방에 들어가 반죽하고, 여러 번 나눠서 장작 화덕에 빵을 굽다 보면 하루에 스무 시간 가까이 일하기 일쑤였다.

'빵을 만드는 게 이렇게 힘든 일이었나?'

하지만 아무리 일이 힘들어도 불평할 수 없었다. '빵을 버리지 않는 빵집'을 만들기 위해 다무라가 스스로 선택한 결과였기 때문이다.

장작 화덕에 빵을 굽는 동안 꾸벅꾸벅 졸다가 빵이 까맣게 타는 꿈을 꾸고 벌떡 일어나기도 했다. 또 바쁘게 공방을 돌아다니며 빵을 만들다가 양동이에 발이 걸린 것에 화가 나서 양동이를 걷어찰 때도 있었다.

'이대로 10년, 20년 계속 빵을 만들 수 있을까?'

다무라는 회의에 빠졌다. 자신도 모르게 몸도 마음도 지쳐가고 있었던 것이다.

행운의 여신

 가장 힘들었던 시기, 공방에서 빵 만드는 것을 도와주던 후미가 다무라에게 얼마나 큰 힘이 되었는지 모른다. 명랑한 성격의 후미는 과감하고 결단력이 있었다. 다무라가 단과자빵 판매를 언젠가 그만둬야겠다고 생각하면서도 좀처럼 실행하지 못하고 있을 때 용기를 준 사람이 바로 후미였다.

 그뿐만 아니라 빵이 발효가 잘되지 않아 고생하고 있을 때 옆에서 발효 시간을 일일이 기록해 가면서 정확한

조언을 해 준 것도 조수 후미였다. 간혹 빵을 만들다가 벽에 부딪힐 때가 있는데 아버지나 다른 제빵사에게는 상담하기가 힘들었지만, 이상하게도 후미에게는 어떤 일이든 상담할 수 있었다. 그리고 그렇게 고민을 털어놓고 나면 한결 마음이 편해졌다.

게다가 후미가 곁에 있으면 빵 맛도 좋아지는 것 같았다. 다무라도, 건포도 발효종 안의 유산균이나 효모균도, 후미의 밝은 목소리와 웃는 얼굴이 좋아서 갑자기 실력을 발휘하는 것만 같았다. 심지어 그때까지는 기껏해야 하루에 다섯 개 정도 팔리던 캉파뉴가 후미의 도움을 받기 시작하면서는 만들면 전부 팔렸다. 물론 가게가 번화가에 있어서 빵이 잘 팔렸을 수도 있다. 하지만 다무라에게는 후미가 행운의 여신처럼 빛나 보였다.

언제부턴가 다무라는 후미와 함께라면 생피에르 마을에 있는 빵집처럼 부부 둘이서 빵을 많이 만들면서도 빵을 하나도 버리지 않는 빵집으로 운영할 수 있을 것 같았다. 그래서 다무라는 용기를 내어 후미에게 청혼하기로 마음먹었다.

일하는 방식을 다시 검토해야 한다

후미에게 청혼할 수 있었던 것도, 그리고 '불랑주리 드리앵'이 '빵을 버리지 않는 빵집'으로 새출발을 할 수 있었던 것도 생피에르 마을의 부부 덕분이었기 때문에(두 사람은 그런 줄 모르겠지만) 다무라는 감사 편지를 쓰기로 했다.

봉주르? 잘 지내시나요?

저희 빵집은 두 분을 본받아 마침내 장작 화덕 빵만 파는 빵집이 되었습니다.

인기 있던 식빵이나 단과자빵 판매를 그만두면서 손님은 절반 정도로 줄었지만, 새로운 손님이 조금씩 늘고 캉파뉴도 점점 많이 팔리기 시작했습니다.

제빵사가 두 명이나 그만둬서 매일 빵을 만드느라 바쁘게 지내고 있습니다.

아! 그리고 좋은 소식이 있습니다.

이번 봄에 제가 결혼합니다.

결혼하면 두 분을 모델 삼아 열심히 해 보려고 합니다.

언젠가 둘이 함께 생피에르 마을에 가고 싶어요.

그때까지 건강하세요.

얼마 후 생피에르 마을에서 답장이 왔다.

결혼 축하해요. 행복하세요!

저희 빵집이 두 분의 목표라니 기쁘네요.

그렇다면 우리의 책임이 막중한데요! :)

이쪽도 매일 바빠서 큰일입니다.

아는 사람 중에 프랑스 빵집에서 일하고 싶어 하는 사람은 없나요?

가게 일을 도와줬으면 좋겠어요.

예전의 다무라라면 바로 '제가 갈게요!'라고 말했을지도 모른다. 프랑스 빵집에서 일하면서 제빵 실력을 쌓는 것은 하고 싶다고 해서 쉽게 얻을 수 있는 기회가 아니기 때문이다. 그러나 이제 '드리앵'의 제빵사는 다무라와 조수 후미뿐이다. 만약 다무라가 프랑스에 가 버리면 가게는 어떻게 될까?

"가는 게 좋지 않을까? 이번 기회를 놓치면 앞으로도 계속 이대로일 텐데……."

매일매일 긴 시간 일하느라 지친 다무라를 걱정한 후미는 프랑스행을 권했다.

"음…… 확실히 일하는 방식은 다시 생각해 볼 필요가 있어."

결혼 후에도 머리카락을 곤두세우고 눈을 치켜뜨며 빵을 만들었다가는, 짜증 내면서 빵을 만들지 말라는 후미의 핀잔을 들을 게 뻔했다.

일본인의 일하는 방식이 이상해?

게다가 이대로 무리해서 빵집을 계속 운영하다 보면

언젠가는 분명 몸이 망가져 가게 문을 닫게 될 것이 틀림없었다. 그렇게 되면 손님이나 종업원들이 고스란히 피해를 떠안게 된다. 이것은 비단 다무라만의 이야기가 아니었다. 주위를 둘러보면, 다무라가 아는 식당의 셰프나 꽃집이나 가구점 주인들 모두 휴

일도 없이 잠자는 시간을 줄여 가면서 일하는데도 겨우 입에 풀칠하고 산다는 사람이 많았다. 모두 정성을 다해 세심하고 완벽하게 일을 하는데도 말이다.

　"이렇게 일을 잘하는데 어째서 일본 장인의 삶은 고달픈 걸까?"

　다무라는 그 이유가 너무나 궁금했다. 물론 이 넓은 세상에는 생피에르 마을의 빵집 주인들처럼 시간에 쫓기지 않으면서 만족스러운 삶을 사는 장인도 있다. 생피에르 마을의 제빵사들은 아무리 바빠도 세 끼 식사하는 데 충분한 시간을 쓰고, 휴일에는 밭일도 하고, 집의 개보수까지 직접 한다. 가게를 자주 찾는 손님과는 여유롭게 대화도 나누고, 여름에는 긴 휴가를 내어 가족이나 친구와 함께 여행을 떠나기도 한다. 그런데 일본은 왜 이렇게 프랑스와 일하는 방식과 생활방식이 다른 걸까?

다시 프랑스로 연수를 떠나다!

고민 끝에 다무라는 후미와 결혼하면 일단 가게 문을 닫고, 둘이서 프랑스에 가기로 했다. 이번 프랑스 연수는 지난번과는 목적이 달랐다. 프랑스 사람들이 일하는 방식과 생활하는 방식을 배우고 싶었다. 이것을 익히지 못하면 다무라는 앞으로 10년이고 20년이고, 하루 스무 시간 가까이 일하면서 빵집을 운영해야 할 것 같았다. 아무리 '빵을 버리지 않는 빵집'을 만들고 싶은 마음이 간절하다고 해도 그렇게 일해서는 몸이 버틸 수 없을 것이다.

'좋아, 이제 프랑스 사람들의 일하는 방식을 보고 와야겠다!'

다무라는 곧바로 당분간 가게 문을 닫는다는 공지글을 블로그에 올리고 가게 문에 붙였다. 레스토랑처럼 빵을 납품하는 거래처에도 배달하면서 설명했다. 그리고 마지막까지 '드리앵'을 사랑해 주고 가게 문을 닫을 때까지 변함없이 일해 준 직원들과도 작별 인사를 나눴다. 이별이 아무리 괴로워도 앞을 향해 계속 나아가야 할 때가 있는 법이라고 생각했다.

여행하는 제빵사

다무라와 후미가 프랑스 생피에르 마을
에 도착했을 때는 이미 교회 옆에 있는 공동 화덕에 불이
켜져 있고, 마을 사람들이 조금씩 모여들고 있었다. 그날
은 옛 생활을 추억하며 저마다 가져온 음식을 공동 화덕
에서 함께 조리해 마을 사람들이 함께 나누어 먹는, 1년
에 한 번 있는 중요한 행사 날이었다.

공동 화덕은 2백여 년 전에 만들어졌다. 당시에는 마
을에 빵집이 없었기 때문에 각자가 집에서 만든 빵 반죽
을 이 공동 화덕에 가져와서 구워 먹었다고 한다. 그러다
마을에 빵집이 생기자 점차 공동 화덕을 사용하지 않게
되었고, 언제부턴가 그런 것이 있었다는 사실조차 잊혔
다. 그렇게 잊힌 공동 화덕을 '르 포닐 드 세드르'의 부부

가 중심이 되어 복원하고, 다시 사용할 수 있도록 한 것이 이 행사의 기원이 되었다.

행사는 해가 지고 나서야 본격적으로 시작됐다. 마을 사람들이 가져온 피타*, 피자, 키슈** 등이 차례로 뜨거운 화덕으로 들어갔다. 그리고 아이들이 만든 쿠키도 함께 넣었다. 공동 화덕 주변에 모인 주민들은 식전주를 마시며 화덕의 불빛을 바라보거나 이야기를 나누며 요리가 완성되기를 기다렸다.

공동 화덕에서 갓 구워진 음식이 나오면서 모임이 더욱 활기를 띠었다. 먹고 나서 마시고, 마시고 나서 먹고, 이야기를 나눴다. 화덕의 온도가 내려가면 디저트로 먹을 케이크나 타르트를 구울 차례였다. 그것까지 다 굽고 나자 커다란 화덕이 텅 비었다. 하지만 음식이 다 떨어져도 떠나기가 아쉬운 마을 사람들은 여전히 따뜻한 화덕 주변에서 몸을 녹이며 한밤중까지 수다를 즐겼다. 아마

---

* 역자 주 : 밀가루, 물, 효모를 섞어서 둥글고 납작하게 만든 빵으로 포켓 형태로 만들어 속재료를 넣어 먹는 등 다양한 요리에 활용이 가능하다.

** 역자 주 : 프랑스 로렌 지방의 전통 타르트 요리. 파이 반죽 틀에 달걀, 우유, 크림, 치즈, 베이컨, 야채 등을 넣고 오븐에 구워서 만든다.

2백 년 전에도 이 마을 사람들은 이런 달빛 아래에서 공동 화덕을 둘러싸고 요리와 수다를 즐겼겠구나 하고 다무라는 생각했다. 그 시절과 같은 일을 2백 년이 지난 지금도 할 수 있다는 것이 얼마나 복 받은 일인가 감탄하면서.

프랑스식 장작 화덕

다음 날 다무라는 오랜만에 '르 포닐 드 세드르'의 빵 공방을 구경했다. 다무라는 이번에 꼭 '드리앵'의 장작 화덕에 비해 훨씬 더 사용하기 좋아 보이는 프랑스식 장작 화덕을 꼼꼼히 살펴보기로 했다.

다무라가 사용하는 장작 화덕은 빵을 넣는 화덕의 바닥에 직접 장작을 태우는 방식인데, '르 포닐 드 세드르'의 장작 화덕은 좀 더 복잡한 구조로 되어 있었다. 빵을 넣는 화덕 아래에서 장작을 태우고, 주물로 만든 그라라는 도구로 열기를 위쪽 화덕으로 보내 화덕 전체를 데우는 방식이었다. 이렇게 하면 장작이 완전 연소되기 때문에 연기나 재가 거의 나오지 않는다. 빵을 넣는 화덕의 바

닥이 더러워지지 않아 청소도 편하다. 게다가 이 프랑스
식 장작 화덕은 한 번에 구울 수 있는 빵의 양도 다무라
가 사용하는 장작 화덕보다 훨씬 많았다. 다무라가 세 번
에 나눠서 구웠던 빵을 단 한 번에 구울 수 있을 정도였
다. 다무라가 사용하는 장작 화덕으로는 빵을 한 번 굽
는 데 네 시간이 걸리기 때문에, 세 번을 굽는 데 열두 시
간이 걸렸다. 하지만 프랑스식 장작 화덕으로는 단 네 시
간이면 충분했다. 장작 화덕을 프랑스식으로 바꾸기만
해도 일이 훨씬 수월해질 것 같았다.

다무라는 '드리앵'에 프랑스식 장작 화덕을 만들기로
결심하고, 장작 화덕 장인을 소개받았다. 그리고 일본에
서는 구할 수 없는 부품을 프랑스에서 보내 달라고 부탁
했다.

프랑스식 화덕

1. 그라를 이용해서 열기를 위쪽 화덕으로 보낸다.

2. 장작을 넣고 태우는 곳.

3. 재가 떨어지는 곳.

4. 장작이 잘 탈 수 있게 공기가 들어가도록 만들어져 있다.

5. 빵을 구울 때는 뚜껑을 덮는다.

   (다무라가 사용하는 뚜껑은 평평한 뚜껑이다.)

6. 따뜻해진 화덕의 열로 빵을 굽는다.

7. 연기를 배출하는 굴뚝. 빵을 구울 때는 닫는다.

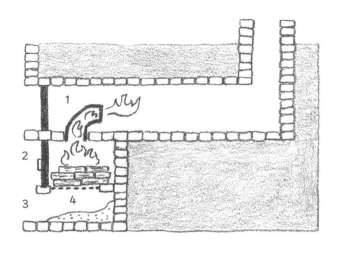

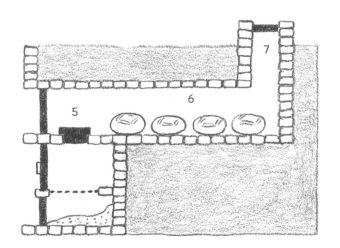

'진짜' 빵을 찾아 떠나는 여행

겨울에는 프랑스 북서부 브르타뉴 지방을 돌아다녔다. 다무라와 후미는 우연히 찾은 빵 공방을 들여다보며 빵 만드는 모습을 구경해도 되냐고 조심스럽게 물었다. 그러자 "제빵사인가 보네. 환영합니다. 들어와서 구경해봐요."라며 빵 공방의 주인 세르쥬가 반갑게 맞이했다.

세르쥬의 빵 공방에는 다무라가 지금까지 본 적 없는 커다란 장작 화덕이 있었다. '르 포닐 드 세드르'의 화덕도 컸는데, 세르쥬의 화덕은 그에 비할 바가 아니었다. 한 번에 무려 2백 킬로그램의 빵을 구울 수 있다고 했다. 이는 다무라의 장작 화덕에서 구울 수 있는 빵의 양과 비교했을 때 열 배나 많은 양이었다. 그런데 이렇게 큰 화덕이 공방 안에 세 개나 있었다!

"우와~! 대단하다!"

아마 어린 시절의 다무라였다면 너무 놀라서 코피가 났을지도 모른다.

세르쥬의 장작 화덕은 다무라의 장작 화덕처럼 빵을 올리는 바닥에 직접 불을 피우는 구조였다. 다만 다무라는 장작을 사용하는데, 이 공방에서는 나뭇가지 묶음을 사용하고 있었다. 나뭇가지는 장작보다 가늘어서 불에 잘 타고 재도 적게 나온다고 했다. 또 나뭇가지는 잘라도 다시 자라기 때문에 매년 수확할 수 있는 재생 가능한 연료였다.

여기에 더해, 세르쥬의 공방에서 사용하는 전기는 모두 태양광과 풍력발전 같은 재생에너지로 충당하고 있다고 했다. 프랑스 제빵사들이 환경 문제를 진심으로 고민하는 것에 다무라는 감탄했다.

빵은 손이 덜 가도 맛있다

다무라와 후미는 세르쥬의 가게에서도 빵 만드는 것을 돕기로 했다. 세르쥬 부부가 빵을 만드는 모습을 보고 있자니 이렇게 해도 될까 하는 의문이 드는 점도 있었다.

우선 세르쥬 부부는 빵에 머리카락이 들어가지 않게 모자를 쓰거나 하는 등의 행동을 하지 않았다. 빵을 둥글게 마는 방법도 엉성해 보였다. 그리고 화덕에서 나오는 빵에 재나 숯이 묻어 있어도 신경 쓰지 않았고 빵이 조금

갈라지거나 부풀어 오르지 않아도 빼내거나 하지 않았다. 만약에 일본에서 이런 상태로 빵을 팔면 바로 손님들의 불만이 터져 나왔을 텐데, 여기는 프랑스였다.

'시장은 그 나라의 부엌이다. 그러니 그 나라에 대해 알고 싶으면 시장에 가면 된다.'고 말들 한다. 프랑스에서는 매주 토요일마다 마르쉐marché*가 열리고, 이곳에서는 삐뚤빼뚤한 모양의 채소나 과일을 아무렇지 않게 팔았다. 조금 못생기거나 흠집이 있는 상품도 맛만 같으면 넉넉하게 이해해 주는 편이었다. 마음이 넓다고 해야 할까, 낭비하지 않는 습관이 몸에 배였다고 해야 할까. 아무튼 다무라는 프랑스 사람들의 이런 면이 아주 좋았다.

세르쥬 부부가 빵 만드는 것을 보면, 언뜻 대충하는 것처럼 보일지 몰라도 빵 자체는 매우 고급스러웠다. 밀가루는 공방 방앗간에서 금방 빻은 신선한 밀가루를, 밀은 유기농으로 재배한 것만 사용했다. 그리고 빵은 화덕에서 천천히 구워 냈다.

세르쥬 부부는 무엇에 공을 들이고 덜 들일지를 분명

* 역자 주 : 프랑스어로 장터, 시장을 말한다.

122

히 알고 있었다. 빵의 겉모양보다 맛으로 경쟁하는 빵 만들기를 하고 있었다. 그렇게 완성된 빵은 질투가 날 정도로 맛있었다.

진정한 풍요로움

다무라는 프랑스에서 풍요롭다는 것은 돈이 많아서 생기는 것과 조금 다르다는 것을 깨달았다.

예를 들어, 프랑스 사람들은 옷을 살 때 값을 더 주더라도 질이 좋은 것을 사서 오래 입는다. 집도 돌로 짓기 때문에 백 년이 지나도, 2백 년이 지나도 고치면서 살 수 있다. 물건을 살 때 마음에 드는 것만 사서 소중히 다루며 오랫동안 사용하기 때문에, 그만큼 낭비가 적고 돈을 절약할 수 있다. 또 햄은 햄 가게에서, 야채나 과일은 식료품점에서, 빵은 빵집에서 사는 사람이 많다. 어릴 때부터 장인이 만든 제품을 고르라고 부모가 가르친 결과다. 주말에 열리는 마르쉐에서는 신선한 식료품을 구입한다. 프랑스가 농업국가여서 그런지 음식도 대체로 맛있는 데다가 저렴하기까지 하다.

빵 하나만 보더라도 큰 빵을 사서 일주일에 걸쳐 천천히 먹는다. 그래서 갓 구운 빵보다 하룻밤 묵힌 빵이 맛도 향도 더 깊고 맛있다는 것을 알고 있다. 돈이 많고 적은 것을 떠나 조상으로부터 물려받은 전통과 지혜가 프랑스인의 삶을 풍요롭게 만들고 있다는 생각이 들었다.

필요 이상의 돈은 원하지 않는다

프랑스 사람들은 절대 몸을 망가뜨릴 정도로 무리해서 일하지 않아 보였다. 가족을 위해 열심히 일하지만 필요 이상의 돈을 벌려고도 하지 않는다. 일하는 시간 못지않게 가족과 함께 보내는 시간을 중요하게 생각하기 때문이다. 다무라처럼 일이 전부인 사람의 눈으로 보자면 프랑스 사람들의 생활은 대체로 여유있어 보였다.

일본 사람들은 집이든, 자동차든, 무엇이든 대체로 새 것을 좋아하는데, 프랑스 사람들처럼 오래된 것의 장점을 안다면 조금은 더 행복하게 살 수 있을 것만 같았다. 빵도 갓 구운 빵보다 사실 하룻밤 묵힌 빵이 더 맛있으니까!

이렇게 멋진 빵집이 있었다니!

다무라와 후미는 봄에 프랑스를 떠나, 오스트리아의 수도 빈에 있는 유명한 빵집 '그라거Gragger'에서 연수했다. 이곳에서도 다무라 부부는 일하는 방식에 놀랐다.

두 사람은 아침 8시부터 '그라거'의 공방에서 젊은 제빵사 데니스와 함께 빵 반죽을 만들었다. 본래 데니스 혼자했던 작업을 세 명이 나눠서 하다 보니, 준비된 빵 반죽으로 빵 모양을 만드는 작업이 점심 무렵에 끝났다. 그러자 데니스는 내일 또 보자는 인사를 하고 곧장 퇴근했다. 공방에 덩그러니 남겨진 다무라와 후미는 이게 대체 무슨 일인가 싶어 멀뚱멀뚱 서로의 얼굴을 바라보았다. 이를 본 장작 화덕 담당자 발탄이 두 사람에게 말했다.

"오늘 일은 다 끝났어요. 그러니 두 분도 퇴근하세요."

네 시간밖에 일하지 않았는데 퇴근하라니! 두 사람은 잘못 들은 거라고 생각했다. 여우에 홀린 듯한 표정으로 꼼짝 않고 있자니, 발탄이 이어서 말했다.

"오늘은 두 사람이 도와줘서 평소보다 빨리 끝났지만,

여기서는 보통 오전 8시에 출근하는 사람은 점심시간 한 시간을 포함해서 오후 2시까지 일해요."

"뭐라고요? 하루 다섯 시간밖에 일하지 않는다고요?"

하루 스무 시간 가까이 일했던 다무라로서는 너무나 다른 상황에 놀랄 수밖에 없었다. 그날 하루 어쩌다 일이 빨리 끝난 게 아니고, 다음 날도, 그다음 날도 똑같이 점심 무렵이면 일이 끝났다. 그때마다 데니스는 바로 내일 보자며 인사를 하고 퇴근해 버렸다.

'그라거'는 빈 시내 중심에 자리 잡은 매우 인기 있는 빵집이다. 프랑스의 한적한 마을 빵집인 '르 포닐 드 세드르'와는 달리, 근처에 유명한 오페라 극장, 대성당, 궁전 등이 있어 빵을 사 들고 나가는 손님의 발길이 끊임없이 이어진다. 그러다 보니 당연히 매일 빵을 엄청나게 많이 만든다. 그런데도 점심시간이 지나면 퇴근하는 직원이 있다니!

'이게 꿈인가? 빵집 일이 이렇게 편하면 하루하루가 즐겁겠네!'

점심이면 일이 끝나다 보니, 다무라는 퇴근길에 미술관에 들러보기도 했다. 미술품에 크게 관심이 없었는데도 말이다. 물론 '그라거'의 모든 직원이 다섯 시간 근무를 하는 것은 아니었다. 다무라 일행이 퇴근할 때, 장작 화덕 담당자 발탄은 계속 일했다. 다무라가 물어 보니, 발탄은 그날 어떤 작업을 하느냐에 따라 열 시간에서 열두 시간 정도 일한다고 했다. '그럼 그렇지. 역시 오스트리아에도 일을 많이 하는 사람이 있었어.'라고 생각하려는 순간, 발탄이 덧붙인 말에 다무라는 또 놀랐다.

"그래서 일주일에 3일을 쉬는 거예요."

다무라는 줄곧 빵은 정성을 들일수록 맛있어진다고 믿었다. 이런 믿음 때문에 잠자는 시간도 줄여 가며 정성을 다해 빵을 만들려고 노력했다. 하지만 이렇게 유럽의 유명 빵집을 돌아다니다 보니 꼭 그렇지는 않다는 생각이 들었다. 실제 대충 만드는 것처럼 보이는 '그라거'의 빵도, 세르쥬가 만든 빵도 다무라가 두 배의 시간을 들여 만든 빵보다 훨씬 더 맛있었다.

좋은 재료를 사용하면 만드는 방법이 다소 엉성해도 맛있는 빵이 만들어지는 법이다. 매일 거르지 않고 삼시 세끼 빵을 먹는 사람의 까다로운 입맛조차 충분히 만족시킬 만큼 말이다. 빵을 먹는 손님과 빵집에서 일하는 제빵사 모두 행복하다면 그 이상 무엇이 더 필요할까?

운명이 이끈 여행의 끝

'그래, 바로 이거였어! 이게 '행복 레시피'지! 중요한 것은 적당히 하는 거야. 너무 과하면 안 돼. 일을 오래하려면 그래야만 해.'

다무라는 유럽의 제빵사들이 옛날 방식을 고집스럽게 지켜 온 데에는 그만한 이유가 있다는 결론을 내렸다. 바로 반짝 인기 있는 빵이 아니라 백 년 이상 사랑받는 빵을 만들기 위해서였던 거라고. 백 년을 이어 갈 수 있는 빵이다 보니, 그 빵을 만드는 제빵사가 행복하고 이 때문에 백년이 지나도 그 빵을 만드는 사람이 있는 게 아닐까 싶었다. 또 백 년을 이어 온 빵은 누구나 먹고 싶어 하고 맛보면 행복해지니, 백 년 동안 지속될 수밖에 없다. 다무라는 분명 이러한 빵이 '진짜' 빵이라고 정의를 내렸다.

이날, 황홀하고 고소한 빵 향기에 이끌려 시작된 다무라의 진짜 빵을 찾아 떠나는 여행은 끝이 났다.

행복 레시피

프랑스에서 돌아와 다시 빵집을 시작하기에 앞서, 다무라는 작업 방식에 대해 찬찬히 점검해 보기로 했다. 빵을 만드는 방식을 보고 충격을 받았던 오스트리아의 '그라거'를 우선 떠올렸다. 거기에서는 큰 빵만 만들고, 말린 과일이나 견과류 등의 재료를 넣지 않아 오래 보관할 수 있는 빵만 만들었다.

다무라도 앞으로는 캉파뉴나 팽 블랑 같은 딱딱한 빵 몇 종류만 만들고 치즈나 말린 과일 등의 재료를 넣은 빵은 만들지 않기로 했다. '그라거'의 방식대로 5백 그램과 1킬로그램짜리 큰 빵만 만들다 보니 계량을 비롯해 작업 준비가 편해졌다. 밀가루를 반죽해서 잠시 숙성시킨 후 잘라서 둥글게 말아 바구니에 담아 냉장고에 넣으면 끝!

다음 날, 냉장고에서 꺼낸 빵 반죽을 장작 화덕에 넣고 구우면 됐다.

이전에는 빵 반죽이 발효되는 시간에 맞춰서 장작 화덕을 준비했는데, 냉장고를 사용하면서부터 장작 화덕이 준비되는 시간에 맞춰 빵 반죽을 준비할 수 있게 되었다.

귀국 후 만든 프랑스식 장작 화덕도 작업 방식을 바꾸는 데 큰 도움이 되었다. 예전에는 빵을 구우려면 매번 불을 새로 지펴야 했는데, 이제는 한 번으로 끝낼 수 있었다. 시간으로 따지면 열두 시간 걸리던 작업이 네 시간 만에 끝나게 된 것이다.

이렇게 빵의 종류를 줄이고 속 재료를 없애고 큰 빵만 만들다 보니, 아침 4시부터 12시까지 여덟 시간 안에, 기존에 제빵사 서너 명이 만들던 양을 다무라 혼자서 만들 수 있게 되었다.

다무라는 월요일에는 반나절 동안 다음 날 구울 빵 반죽을 준비한다. 화요일부터 토요일까지는 장작 화덕에 빵을 굽는다. 쉬는 날은 일요일뿐이지만, 그래도 매일 반나절이면 일이 끝나기 때문에 오후에는 자신이 좋아하는 일을 하며 여유롭게 보낼 수 있다. 그리고 여름에는 한 달 정도 여름휴가를 즐길 수 있게 되었다.

번화가에 있는 '불랑주리 드리앵'은 후미가 혼자서 지킨다. 가게를 여는 날은 목요일부터 토요일까지 3일, 영업시간은 12시부터 18시까지 여섯 시간이다. 후미는 가게가 쉬는 화요일과 수요일에 빵 공방에서 통신판매용 빵 배송작업을 한다. 그리고 일요일과 월요일 이틀은 쉰다.

이렇게 해서 '불랑주리 드리앵'은 부부 둘만으로도 운영할 수 있게 되었다. 무리하지 않고 적당히 일하는데도 가능했다. '빵을 버리지 않는 빵집'을 오래오래 운영하려면 이것을 지키는 것이 무엇보다 중요했다.

좋은 점은 이것뿐만이 아니었다. 프랑스의 빵집에서 사용하는 유기농 밀을 다무라도 사용할 수 있게 되었다. 물론 일본산 유기농 밀이었다. 예전에는 가격이 비싸서 엄두도 못 냈는데 어떻게 그게 가능해진 걸까? 다른 부분에서 비용이 줄었기 때문이었다.

우선, 예전에 여덟 명이 한 일을 둘이서 하니까 인건비가 줄 수밖에 없었다. 또 빵에 속을 넣지 않으니 재료비도 줄었다. 그 결과 가격이 비싼 국산 유기농 밀을 써도 빵 가격을 훨씬 더 낮출 수 있게 된 것이다.

빵 한 개당 가격을 비교하면, 다무라가 만든 빵이 슈퍼에서 파는 바게트보다 훨씬 더 비싼 것 같다(빵이 크니까!). 하지만 무게당 가격을 비교하면 크게 다르지 않았다. 재료를 비교해도 확실히 달랐다. 다무라가 만든 빵은 고급 국산 유기농 밀과 유기농 호밀을, 슈퍼의 바게트는 수확 후 농약을 뿌린 값싼 수입 밀에 각종 식품첨가물을 넣어 만들었기 때문이다. 또 다무라의 빵은 반죽부터 모양을 만들어 장작 화덕에서 천천히 굽기까지 하나하나 다무라의 손을 거쳐 만들어진다. 그런데도 백 그램당 가격이 공장에서 만들어진 빵과 같다면, 어느 것을 선택할까? '빵은 다무라 가게에서 사기로 했다.'는 단골손님들의 마음을 이해할 수 있지 않을까?

정말 소중한 고객

사실, 다무라가 만드는 크고 무겁고 딱딱하고 산미가 있고 속 재료가 전혀 들어가지 않은 빵을 좋아하는 사람은 그리 많지 않다. 다무라가 만든 빵보다 푹신하고 달콤한 빵이 맛있다는 사람이 훨씬 더 많을 것이다. 그래서 다무라는 자신이 만든 독특한 빵을 변함없이 사 주는 단골손님을 정말 소중히 여겨야겠다고 생각했다. 단골손님의 기대에 부응하는 것에만 집중하니 특별한 무언가를 하지 않아도 빵의 맛도 좋아졌다. 빵이 더 맛있어지자 단골손님들은 만족하며 더 많이 사 주었다.

최고의 재료로 시간을 많이 들이지 않으면서 맛있으면서도 비싸지 않은 빵을 만드는 것. 손님도 행복하고, 제빵사도 행복하고, 농부도 행복해지는 다무라의 행복의 레시피였다. 그 결과 '불랑주리 드리앵'은 부부 둘만으로 운영하는 빵집임에도 불구하고 직원이 여덟 명일 때보다 더 많은 매출을 올리고, 흑자를 내게 되었다.

마침내 '빵을 버리지 않는 빵집'이 되다

다무라 부부의 빵집 '불랑주리 드리앵'에서는 2015년 가을부터 지금까지 많은 빵을 구웠지만, 단 한 개의 빵도 버리지 않았다. 다무라는 일이 어느 정도 안정되자 생피에르 마을의 제빵사 부부에게 감사의 편지를 쓰기로 했다.

봉주르, 잘 지내셨나요?

이제 곧 그곳에서는 아침 해가 떠오르겠네요.

제가 하루 중 가장 좋아하는 시간입니다.

오늘 아침에도 두 분의 공방에서는 빵 굽는 냄새가 나고,

화덕에서 장작이 타닥타닥 타오르고, 그 앞을 고양이가

한가로이 지나가겠죠? 모든 게 그립네요.

그 기억을 떠올리니 한 시간 간격으로 울리던

교회 종소리도 들려오는 것 같습니다.

올해부터 모든 재료를 유기농으로 바꿨습니다.

그리고 매주 제대로 된 휴일을 지내게 되었습니다.

그뿐만 아니라 여름에는 긴 여행도 할 수 있게 되었어요.

그리고 드디어!

그렇게 간절하게 바라던

'빵을 버리지 않는 빵집'이 되었습니다.

생각해 보면 이 모든 것이

두 분의 빵집에서 배운 것들입니다.

시간이 오래 걸렸지만,

두 분이 가르쳐 주신 것을

저도 할 수 있게 되어서 마음이 놓입니다.

두 분께 정말 감사드립니다.

그럼, 건강하세요.

안녕히 계세요.

생명을 키우는 빵

다무라가 빵을 만드는 공방에는 견학이나 취재를 하려고 많은 사람이 찾아온다. 제빵사뿐만 아니라 두부를 만드는 사람이 견학을 온 적도 있다. 다무라는 모든 방문객을 흔쾌히 맞이한다. 자신이 두려움에 떨며 프랑스의 빵 공방의 문을 두드렸을 때, 기꺼이 공방으로 초대해 주었던 분들에 대한 감사와 그때 느꼈던 기쁨을 지금도 잊지 못하기 때문이다.

다무라가 만드는 빵은 흔쾌히 자신을 받아 준 곳에서 여러 사람에게 가르침을 받고 다듬어서 완성되었다. 그리고 다무라의 제빵 기술은 '드리앵'의 빵 공방을 찾은 많은 연수생에게 계승되고 있다. 다무라 밑에서 3개월만 열심히 교육받으면, 초보자도 장작 화덕이나 건포도 발효종을 이용해 빵을 만들 수 있다고 한다. 다무라가 고생해 가며 완성한 레시피도 전수해 준다. 이렇게 하면 다무라가 만드는 빵이 특별함을 잃고 매출도 줄어들지 않을까 걱정했더니, 다무라는 이렇게 말했다.

"레시피를 전수하면 제가 세상을 떠나더라도, 레시피는 사라지지 않잖아요."

확실히 백 년을 이어 가는 빵이란 그런 것일지도 모르겠다. 레시피가 바통처럼 사람에게서 사람으로 전해져서 백 년이 지나도 같은 빵을 만드는 사람이 있는 것일 거다. 게다가 다무라가 만든 레시피는 단순한 레시피가 아닌 '행복 레시피'가 아닌가. '행복 레시피'가 사람에게서 사람으로 전해져 주변 사람들을 행복하게 하면서 백 년 동안 이어지는 것이다. 생각만으로 가슴이 벅차오르는 것 같다.

다무라가 여행에서 배운 것 중 가장 중요한 게 무엇일까? 바로 '우리가 먹는 것은 생물'이라는 것이다. 우리는 또 다른 생물의 '생명'을 먹고 살아간다. 몽골의 대초원에서 양을 도축하는 것을 본 경험은 아마 평생 다무라의 머릿속을 떠나지 않을 것이다.

다무라가 만든 빵은 '생명'의 바통이다. 단 하나의 빵에도 밀과 호밀, 그리고 빵을 발효시키는 건포도 발효종의 유산균과 효모균, 그리고 화덕에서 태워지는 나무까지. 이토록 많은 '생명'이 깃들어 있다.

다무라는 다양한 빵으로 '생명'의 바통을 우리에게 넘겨주고 있는 것이다. 그리고 우리가 그 빵을 먹을 때, '생명'의 바통은 우리 몸의 세포 하나하나에 영양분으로 전달되어 우리 몸을 지탱해 준다. 그렇게 우리의 '생명'을 키워 주는 자양분이 된다.

포기하지 않는 꿈

코로나바이러스의 확산으로 일본 전역에 긴급사태가 선포되면서 다무라 씨는 히로시마 시내에서 운영하던 빵집의 문을 닫았다. 힘들게 '빵을 버리지 않는 빵집'의 꿈을 이루었는데 가게 문을 닫아야 했다는 소식에 너무나 아쉬운 마음이 들었다. 그렇다면 《빵을 버리지 않는 빵집》의 한국어판 출판을 앞둔 지금, 끝나지 않을 것 같던 코로나 팬데믹이 끝난 지금 다무라 씨와 빵집엔 어떤 변화가 생겼을까? 번역을 마치고 다무라 씨와 짧은 인터뷰를 진행했다.

먼저 히로시마의 '불랑주리 드리앵'은 현재 직원 세 명을 두고 레스토랑을 대상으로 한 도매업과 정기 구매 중심의 배송 서비스를 제공하며 운영하고 있다. '불랑주리 드리앵'의 홈페이지^{https://derien.jp}를 방문하면 다무라 씨가 빵을 만드는 모습과 '빵을 버리지 않는 빵집'에서 판매하는 빵을 구경할 수 있으며 최신 소식을 확인할 수 있다. 코로나 시기 운영하지 못했던 오프라인 매장은 재오픈을 준비하고 있다.

다무라 씨는 2021년 4월부터 제빵학교를 시작했다. 10여 년 전, 아끼던 제빵사 후배가 과로로 세상을 떠났을 때, 제빵학교를 만들어야겠다고 마음먹었다고 한다. 제빵학교에서는 제빵 기술, 장작 화덕 만들기, 무리하지 않고 일하는 방법, 재무 관리 등을 비롯해 외부 강사를 초청해 마음 다스리기와 동양의학 등을 가르친다. 2024년 4월에 3기생이 학기를 시작했다.

2023년부터는 쌀농사도 시작했다. 유럽에서 제빵을 공부하면서 자국의 식문화를 제대로 알고, 보존하고 지키며 사는 것이 얼마나 중요한지 깨달았기 때문이다. 일본은 쌀을 주식으로 하는 나라이기 때문에 벼농사뿐만 아니라 이와 관련된 생활 습관, 제사나 신에 이르기까지 전반적인 문화를 이해해야만 빵을 만들 때도 그 정신이 깃들것이라고 생각했다고 한다. 다무라 씨는 다음 세대의 제빵은 그렇게 자국의 식문화가 바탕이 되어야 하지 않을까 하는 바람을 담아 쌀농사를 짓고 있다.

팬데믹이라는 어려운 시기에 이렇게 많은 일들을 시작한 것을 보면, 다무라 씨의 실행력에 감탄이 나올 수밖에 없다. 유례없는 팬데믹이 다무라 씨가 평생 관심을 두었던 환경 문제와 밀접한 관련이 있다 보니, 다무라 씨에게는 그 누구보다 특별한 시간이 아니었을까?

실제 다무라 씨는 이 시간 동안 '당신은 행동을 스스로 결정합니까?'라는 질문을 받은 기분이었다고 한다. 이제껏 대중매체나 인터넷이 일방적으로 전달한 정보에 따라 큰 고민 없이 행동을 결정했다면, 팬데믹을 계기로 나의 행동은 스스로 결정해야 한다는 사회적 분위기가 생긴 것 같다고 했다. 지속가능발전목표^{SDGs; Sustainable Development Goals}, 지구온난화, 신재생에너지, 세계 경제, 국제정치 등 특별히 세계적인 환경 이슈에 관해 무엇이 진실인지 아무도 알려 주지 않는다면 스스로 판단해야 하지 않겠느냐고.

환경 문제 이야기가 나오니 묻고 싶은 게 있었다. 다무라 씨가 어릴 적부터 꿈꿨던 환경을 지키는 일은 '빵을 버리지 않는 빵집'의 완성으로 실현했다고도 볼 수 있는데, 이 책을 보더라도 그 과정은 순탄하지 않았던 것으로 보인다. 그때마다 꿈을 포기하는 대신 앞으로 나아가게 한 원동력은 무엇이었을까?

다무라 씨의 대답은 간단했다. 내가 하는 일을 사랑하는 것이 바로 꿈을 실현하는 원동력이 되었다고 한다. 그래서 새삼 부모님의 보살핌에 감사하게 된다고. 다무라 씨는 꿈을 찾거나 꿈을 실현하기 위해 크고 작은 시행착오를 겪을 청소년 독자를 위해 이런 말을 덧붙였다.

> "자신을 세상 누구보다 사랑하세요.
> 꿈을 꾸고 그 꿈이 이루어진 것처럼 행동하세요.
> 꿈을 포기하지 않겠다고 결심하세요.
> 그럼에도 불구하고 실패할 수 있습니다.
> 하지만 실패는 웃음의 소재가 됩니다.
> 한 번의 실패도 없이 성공한다면,
> 그것처럼 재미없는 드라마가 또 있을까요?"

　　다무라 씨는 전체 가구 수가 열한 개밖에 안 되는 마을에 살고 있다. 비록 아주 작은 마을이지만 1년에 축제가 열 번 이상 열리고, 농기계를 모두 공유하며 마을 사람들 전체가 가족처럼 지내는 일본에서는 보기 드문 마을이다. 다무라 씨는 이곳에서 바로 마셔도 될 정도로 깨끗한 물이 흘러드는 논에서 쌀농사를 짓고 있다. 산과 강, 그리고 작은 마을의 문화를 지키면서도 다양한 판로를 개척해서 쌀농사를 지속할 수 있다는 가치를 증명하는 것이 다무라 씨의 계획이라고 한다.

아름다운 자연과 문화를 지키는 일은 쉽지 않을 것이다. 하지만 어릴 적부터 환경에 진심이었던 다무라 씨가 '빵을 버리지 않는 빵집' 꿈을 이룬 것을 보면 결코 불가능해 보이지 않는다. 이 책을 번역하고 후기 작성을 위해 다무라 씨와 인터뷰하는 내내 역자의 마음에 전달된 그의 열정과 온기가 부디 독자들에게도 고스란히 전해졌으면 좋겠다.

다무라 씨가 한국 독자들에게 남긴 말을 전하며 후기를 마치겠다.

"유럽을 여행하고 머물 때마다 언제나 한국인과 가장 가까이 지내며 친구가 되었습니다. 너무 멀지도, 과하게 가깝지도 않은 거리를 유지하면서 많은 말을 하지 않아도 마음이 통했습니다. 이 책이 한국 독자 여러분의 꿈을 찾는 데 조금이라도 도움이 된다면 정말 기쁠 것 같습니다."